Área de Proteção Ambiental:
Planejamento e Gestão de Paisagens Protegidas

Segunda Edição
Atualizada e Revisada

Área de Proteção Ambiental:
Planejamento e Gestão de Paisagens Protegidas

Segunda Edição
Atualizada e Revisada

Nájila Rejanne Alencar Julião Cabral
Marcelo Pereira de Souza

2005

Direitos reservados desta edição
RiMa Editora

Diagramação, revisão e fotolitos
RiMa Artes e Textos

Foto da capa: Marcelo Pereira de Souza
Fotos gentilmente cedidas por Haroldo Palo Júnior e Victor Eduardo Lima Ranieri

C117a	Cabral, Nájila Rejanne Alencar Julião
	   Área de proteção ambiental: planejamento e gestão de paisagens protegidas.2ed./Nájila Rejanne Alencar Julião Cabral, Marcelo Pereira de Souza. São Carlos: RiMa, 2005.
	   158p.
	
	   ISBN – 85-7656-042-9
	
	   1. Proteção ambiental. 2. Planejamento. 3. Gestão de paisagens. I. Souza, Marcelo Pereira. II. Título.

Editora
DIRLENE RIBEIRO MARTINS
PAULO DE TARSO MARTINS
Rua Virgílio Pozzi, 213 – Sta Paula
13564-040 – São Carlos, SP
Fone/Fax: (0xx16) 3372-3238

www.rimaeditora.com.br

Sumário

Apresentação

O processo decisório concernente à política de preservação e conservação dos recursos naturais, apoiado nos preceitos do desenvolvimento sustentável, implica a consideração das diferenciações regionais e locais, por meio da elaboração de planejamento como norteador de uma gestão ambiental dinâmica capaz de responder aos desafios advindos dos conflitos socioambientais.

Dentre os instrumentos da política ambiental brasileira para a promoção do desenvolvimento sustentável está a criação dos espaços territoriais especialmente protegidos, que se configuram como um instrumento estratégico, na medida em que se apóiam no propósito de atuarem de modo preventivo.

Na expectativa de trazer alguma contribuição à comunidade científica e à sociedade civil sobre a necessidade de planejamento e de procedimentos metodológicos para a delimitação e a implantação de unidades de conservação, este livro apresenta abordagem conceitual dos fatores ambientais intervenientes à criação de áreas protegidas, com enfoque à categoria Área de Proteção Ambiental (APA).

A intenção é ampliar o debate sobre o modelo de preservação e conservação preconizado no Brasil, notadamente sobre a relação entre a sociedade e a natureza, na tentativa de construir um modelo a partir da realidade regional e local, com a incorporação da dimensão social (em escalas temporal e espacial) no processo de planejamento.

Nesse sentido, este livro apresenta, também, os modelos preconizados em alguns países dos hemisférios Norte e Sul, comparando a experiência desses países às categorias brasileiras, principalmente a APA.

Para ilustrar os conceitos e as reflexões sobre os temas desenvolvidos, um estudo de caso trata das alternativas e possibilidades em delimitar o perímetro de uma APA, no caso o setor norte da APA Corumbataí no Estado de São Paulo.

Agradecimento especial à Fundação Cearense de Apoio ao Desenvolvimento Científico e Tecnológico – FUNCAP, pelo apoio institucional.

Nájila Rejanne Alencar Julião Cabral e
Marcelo Pereira de Souza
São Carlos, setembro de 2002 (1ª edição)
São Carlos, fevereiro de 2005 (2ª edição)

Prefácio

A ciência da conservação ainda é recente. Durante os anos 70 praticamente não havia títulos em português que pudessem auxiliar técnicos e leigos no assunto em seu trabalho de conservação dos recursos naturais. Nos anos 80, a partir da elaboração da Estratégia Mundial para a Conservação e do Relatório "Nosso Futuro Comum", e da tradução destes, começaram a ser escritos textos mais completos. Somente a partir da última década do século XX, particularmente a partir da Eco-92, presenciamos crescimento considerável da literatura técnica escrita por brasileiros voltada à conservação de recursos naturais e da biodiversidade. A disponibilidade de literatura técnica é um bom indicador da importância que damos a determinado assunto, e parece que finalmente despertamos, ainda que um pouco atrasados, para a necessidade de manejar sustentadamente nossos ecossistemas. Um pouco atrasados porque muitas áreas atualmente necessitam de recuperação, mas ainda em tempo, porque somos um povo jovem para aprender a conservar o enorme "capital natural" de que ainda dispomos.

Este livro nos desperta para tratarmos desta questão. Dentro da estratégia de conservação *inter-situ* ou '*entre*' Unidades de Conservação de Proteção Integral há grandes desafios e dificuldades para manejar nossos recursos naturais. No escopo desta estratégia, em áreas consolidadas como Áreas de Proteção Ambiental (APAs) ou outras áreas rurais protegidas legalmente ou não, é necessário maior esforço técnico e político para fazer com que a sustentabilidade ambiental, traduzida no uso adequado dos recursos naturais, seja respeitada. Do ponto de vista técnico, temos no presente trabalho um bom exemplo de abordagem prática para a avaliação ambiental de APAs. Seus autores souberam equilibrar o conteúdo teórico-conceitual e despertar a atenção para a necessidade de adaptar e utilizar técnicas de análise ambiental, tarefa fundamental para a definição de limites geográficos e para a gestão de qualquer Unidade de Conservação de Uso Sustentável ou de Proteção Integral. Resumiram ainda as diferentes configurações dos sistemas de áreas protegidas que são adotados ao redor do mundo e discutiram algumas das vantagens e problemas da categoria APA. Desta forma, este trabalho, concebido inicialmente como pesquisa acadêmica, torna-se, a partir de sua transformação em livro, uma importante leitura para aqueles que estão envolvidos na difícil tarefa de planejamento e manejo de Unidades de Conservação de uso sustentado. Esperamos que, a partir dele, estes autores, e muitos outros que ainda estão em fase de latência, exponham cada vez mais seus trabalhos e concepções, para que sejam lidos, analisados, criticados e utilizados. Somente assim a "ciência da conservação" poderá avançar e evoluir no plano teórico e prático, contribuindo para alcançar a meta tão almejada de um desenvolvimento ecológico e socialmente sustentado em nosso país.

Prof. José Salatiel Rodrigues Pires

Introdução

As áreas protegidas são um dos mecanismos de preservação e conservação dos recursos ambientais adotados no mundo. No Brasil, esses espaços territoriais se constituem como um dos instrumentos preconizados pela Política Nacional do Meio Ambiente (Brasil, 1981a), cujo objetivo fundamental é compatibilizar o desenvolvimento socioeconômico com a preservação da qualidade do meio ambiente e do equilíbrio ecológico (Art. 4º, I), buscando a sustentabilidade ambiental.

O propósito da sustentabilidade baseia-se na pretensão de harmonizar o desenvolvimento com a proteção ambiental, permitindo, ao longo do tempo, a permanência de características ambientais no sistema sócio-político.

As unidades de conservação, entre estas a Área de Proteção Ambiental, constituem-se em mecanismo viável e adequado de preservação dos recursos ambientais no sentido de contribuir, como instrumento da política ambiental em âmbitos federal, estadual e municipal, para a consecução dos objetivos do desenvolvimento sustentável.

Para tanto, o planejamento ambiental é importante aliado, pois contempla um raio de ação, no sentido de ordenar o crescimento regional, em razão do fato de considerar os aspectos ambientais, em seu sentido mais amplo, minimizando as conseqüências adversas que costumam surgir ao longo do binômio crescimento/desenvolvimento.

Para Agarwal & Narain (1991), a preocupação com o meio ambiente deve ser discutida enfatizando a abordagem sistêmica, com a finalidade de equacionar os problemas ambientais, e incluindo a variável ambiental no processo de planejamento e na tomada de decisões.

De acordo com o MMA/Ibama (1994), o problema básico do planejamento ambiental consiste em avaliar tanto a sensibilidade dos fatores naturais que compõem a paisagem de determinado espaço aos danos causados por usos antrópicos (ou seja, o potencial de uso dos recursos naturais e a capacidade de os fatores naturais diluirem os efeitos negativos) quanto a intensidade dos danos potencialmente causados por usos antrópicos a cada um desses fatores naturais, de modo a embasar cientificamente a análise das relações de causa e efeito entre fatores naturais e usos antrópicos.

No tocante às unidades de conservação, que são os espaços territoriais e seus recursos ambientais, incluindo as águas jurisdicionais, com características naturais relevantes, legalmente instituídos pelo poder público, com objetivos de conservação e limites definidos, e sob regime especial de administração, aos quais se aplicam garantias adequadas de proteção (conceito dado pela Lei nº 9.985, de 18/7/2000, que instituiu o Sistema Nacional de Unidades de Conservação da Natureza – SNUC), sua criação está associada à seleção de áreas significativas, ou seja, refere-se à escolha da localização e à conformação desse espaço territorial, mediante o objetivo para o qual se propõe.

Em razão da ausência de planejamento com critérios mais detalhados, observa-se que, no Brasil, a criação das diferentes categorias de unidades de conservação ocorre, em sua grande maioria, de maneira não sistematizada. Portanto, a discussão dos atributos ambientais a serem contemplados para o estabelecimento do perímetro das unidades de conservação é de suma importância.

De modo abrangente, há três formas de implementação de unidades de conservação no Brasil: as que não permitem, em hipótese alguma, a presença do homem, exceto em alguns casos, para visitação pública; as que permitem a presença humana em casos específicos, como populações tradicionais e povos indígenas; e as que consideram legal a presença humana em seu interior, inclusive com o desenvolvimento de atividades controladas, direta ou indiretamente, pelo Estado, como é o caso bastante específico das Áreas de Proteção Ambiental brasileiras.

As Áreas de Proteção Ambiental são unidades de conservação inseridas no grupo de uso sustentável destinadas a proteger e conservar à qualidade ambiental e os sistemas naturais nelas existentes, visando à melhoria da qualidade de vida da população local e também à proteção dos ecossistemas regionais (Brasil, 1988). Para facilitar o entendimento de termos utilizados no trabalho, algumas definições são relacionadas a seguir:

1. Áreas protegidas são espaços territoriais legalmente protegidos por meio da legislação ambiental específica. Em língua inglesa, usa-se o termo *protected areas*, cuja tradução literal seria áreas protegidas, para designar o que, em língua portuguesa, entende-se por unidades de conservação. Dentre esses espaços estão as Áreas de Preservação Permanente (APPs) e as Áreas de Reserva Legal (ARLs), instituídas pelo Código Florestal, bem como outras áreas sob proteção ambiental que não foram designadas pelo SNUC como unidades de conservação.

2. Unidades de Conservação (UC) são espaços territoriais cuja definição foi dada pela redação do SNUC (Brasil, 2000); podendo ser de proteção integral ou uso sustentável. Portanto, as Estações Ecológicas, as Reservas

Biológicas, os Parques Nacionais, os Monumentos Naturais e os Refúgios de Vida Silvestre são inseridos no grupo de proteção integral; e as Áreas de Proteção Ambiental, as Áreas de Relevante Interesse Ecológico, as Florestas Nacionais, as Reservas Extrativistas, as Reservas de Fauna, as Reservas de Desenvolvimento Sustentável e as Reservas Particulares do Patrimônio Natural são inseridas no grupo de uso sustentável. Os demais espaços territoriais protegidos que não foram textualmente contemplados no SNUC são considerados áreas protegidas.

3. Proteção integral é definida pelo SNUC (Brasil, 2000) como a manutenção dos ecossistemas livres de alterações causadas por interferência humana, admitindo-se apenas o uso indireto de seus atributos naturais.

4. Uso sustentável é a exploração do ambiente de maneira a garantir a perenidade dos recursos ambientais renováveis e dos processos ecológicos, mantendo a biodiversidade e os demais atributos ecológicos de forma socialmente justa e economicamente viável (Brasil, 2000).

5. Uso indireto é aquele que não envolve consumo, coleta, dano ou destruição dos recursos naturais.

6. Uso direto é aquele que envolve coleta e uso, comercial ou não, dos recursos naturais.

7. Conservação descreve opções nas quais as características essenciais dos habitats naturais são mantidas, porém alguma parte dessa área ou algumas de suas características podem ser utilizadas para benefícios do desenvolvimento das atividades humanas (Pearce & Turner, 1994).

8. Preservação, segundo Pearce & Turner (*op. cit.*), descreve a opção de não desenvolvimento de atividades econômicas.

As unidades de conservação brasileiras apresentam diferenças em relação tanto ao domínio quanto à administração; ambos (domínio e administração) podem ser públicos ou privados, não sendo o domínio o critério para classificação da UC no grupo de proteção integral ou uso sustentável. Nesse estudo, as UCs tratadas como públicas ou privadas correspondem, sempre, ao domínio de suas terras.

Resumidamente, as UCs estabelecidas pelo SNUC de domínio público são maioria, com exceção da categoria Reserva Particular do Patrimônio Natural, que essencialmente é instituída sob domínio privado. No entanto, algumas categorias como Monumento Natural e Refúgio da Vida Silvestre podem ser estabelecidas sob domínio privado, desde que os usos sejam compatíveis com o objetivo de proteção, sob pena de desapropriação. A Área de Proteção Ambiental e a Área de Relevante Interesse Ecológico podem ser estabelecidas sob domínio privado, com restrições de uso impostas pelo Estado.

O presente texto pretende contribuir à discussão de planejamento de unidades de conservação brasileiras, por meio da análise das interferências ocasionadas pela presença, ou não, de atributos ambientais determinantes que contribuem ou, até mesmo, condicionam a necessidade do traçado limítrofe dessas unidades de conservação (aplicado ao estudo de caso de uma Área de Proteção Ambiental), para que os objetivos que motivam a criação desses espaços territoriais protegidos possam ser plenamente atingidos, sejam eles de preservação (de proteção integral) ou de conservação (uso sustentável dos recursos naturais).

Para abordar o tema e para consecução dos objetivos propostos, este livro apresenta a seguinte estruturação. O Capítulo 1 refere-se aos critérios de seleção de áreas protegidas em âmbito mundial, que variam em conseqüência do enquadramento de seus objetivos. De certa maneira, alguns critérios influenciaram e influenciam as políticas de conservação no Brasil. O Capítulo 2 refere-se ao estado da arte no Brasil. Quanto ao modelo brasileiro de unidades de conservação, Dourojeanni (1997) e Milano (2000) comungam a idéia de que ele apresenta características bastante próprias. Esse capítulo também apresenta a política ambiental em relação às áreas protegidas e as categorias de unidades de conservação no Brasil, relacionando-as à classificação da União Internacional para Conservação da Natureza (IUCN), bem como analisa criticamente o Sistema Nacional de Unidades de Conservação da Natureza, no tocante às inovações instituídas na legislação que o criou. Nesse capítulo, comentam-se, ainda, os critérios de delimitação adotados pelo Brasil para as áreas protegidas.

O Capítulo 3 centra-se na importância do planejamento na delimitação das unidades de conservação para atingir os objetivos propostos, bem como o manejo e a gestão da área protegida. São discutidos os fatores ambientais relevantes, sob ótica conceitual, e sua influência nos limites geográficos de espaços territoriais protegidos, considerando os aspectos físicos, biológicos e antrópicos por meio da análise integrada de recursos naturais, inserindo essa discussão no interesse e na prioridade de conservação dos recursos naturais.

O Capítulo 4 tem por objetivo verificar como os atributos ambientais que ensejam a criação de uma unidade de conservação são condicionantes de seus limites. Para tanto, o foco é uma unidade de conservação de uso sustentável: Área de Proteção Ambiental. São realizadas análise integrada de recursos e discussão, de acordo com cenários obtidos via sobreposição de imagens digitais da área objeto de estudo (porção Norte da APA Corumbataí).

Finalmente, o Capítulo 5 constitui a indicação de um procedimento metodológico para delimitação da categoria brasileira Área de Proteção Ambiental, considerando os fatores ambientais intervenientes a sua criação.

Os Apêndices 1 e 2 são dedicados ao estado da arte, ou seja, apresentam os modelos de preservação e conservação dos recursos naturais adotados em alguns países dos Hemisférios Norte e Sul, como forma de reconhecer semelhanças e diferenças entre esses modelos, por meio das categorias de unidades de conservação, notadamente em virtude das especificidades políticas, sociais e econômicas encontradas. Na verdade, discute-se o que seria ideal para a conservação dos recursos naturais: unidades de conservação de proteção integral ou de uso sustentável.

Capítulo 1

Critérios de delimitação de áreas protegidas em âmbito mundial

Há diversas categorias de áreas protegidas e diferentes tipos de manejo no mundo. Os critérios de seleção dessas áreas, bem como sua delimitação geográfica, estão diretamente relacionados a seus objetivos de proteção e, conseqüentemente, manejo.

A seguir, são apresentados os métodos e os critérios mais conhecidos para delimitação das áreas protegidas, destacando que, em âmbito mundial, cada categoria de unidade de conservação tem suas peculiaridades e, portanto, a priorização da escolha da área, sua delimitação e a forma podem ser feitas segundo diversas abordagens ou critérios.

O método de seleção adequado para cada tipo de espaço territorial protegido também dependerá das informações disponíveis. Os métodos existentes, em sua maioria, utilizam uma série de critérios como forma de explicitar valores que estão sendo considerados e ponderados nas prioridades de conservação dos recursos naturais.

Rattcliffe (1977) *apud* MacKinnon et al. (1986) lista os seguintes critérios a serem considerados na seleção de áreas protegidas: tamanho da área, riqueza e diversidade de espécies, fragilidade, intocabilidade, conservação genética, presença de dados históricos, valor potencial, apelo intrínseco, paisagens modificadas com aumento de valores biológicos e oportunidades de conservação.

Ishihata (1999) aponta que os principais critérios na avaliação das áreas prioritárias para conservação são: naturalidade, diversidade, raridade, tamanho, produtividade, fragilidade, representatividade, distinção, importância para a vida selvagem, grau de ameaça, valor educacional, registro histórico, valor científico, valor recreacional, nível de significado, bordas, localização geográfica, acessibilidade, custo de conservação, recursos culturais e formato.

Os critérios anteriormente mencionados podem ser classificados em três grupos: critérios bióticos, abióticos e antrópicos. Segundo Ishihata (1999), há maior ênfase nos critérios bióticos, pelo julgamento de que estes seriam os mais importantes na priorização de áreas destinadas à conservação.

Na realidade, esse julgamento leva à distorção da realidade ambiental, uma vez que os fatores bióticos, abióticos e antrópicos compõem o meio ambiente, não havendo sentido em dizer que os critérios biológicos são mais importantes do que os demais.

Portanto, os métodos de seleção de áreas prioritárias para conservação, muitas vezes, são parciais, nos quais estão embutidas características norte-americanas, privilegiando os aspectos biológicos do meio ambiente em detrimento do respeito ao ser humano, seus costumes e hábitos.

Em relação ao estabelecimento de áreas protegidas, um parâmetro importante para a fundação de uma rede mundial desses espaços protegidos é a proposta de Udvardy (1975) *apud* MacKinnon et al. (1986). Udvardy reconhece 8 reinos biogeográficos, compostos de 14 biomas que ocorrem em um ou mais reinos. Os biomas, por sua vez, são subdivididos em 230 províncias biogeográficas terrestres. Esse sistema de classificação é utilizado em estudos de identificação de áreas prioritárias para conservação.

Vários autores, como Myers (1988, 1991), Mittermeier (1988), BSP et al. (1995), Dinnerstein et al. (1995), entre outros, vêm propondo modelos e critérios para a identificação de áreas prioritárias para conservação que, por conseqüência, definem sua extensão, forma e limites.

Resumidamente, MacKinnon et al. (1986) enumeram alguns critérios de seleção de áreas:

a) Em função do uso da biogeografia[1] insular

A Teoria do Equilíbrio de Biogeografia de Ilhas (TEBI), formulada por MacArthur & Wilson (1963), tem por idéia central a existência de um número de espécies em equilíbrio, em uma ilha, adquirido ao longo do tempo, devido ao balanço entre os processos de imigração e extinção. A teoria prevê que o número de espécies depende, basicamente, de sua área e do grau de isolamento, ou seja, da distância dos centros de colonização.

Diamond (1975) e Diamond & May (1976), inspirados no potencial dessa teoria, propuseram que as áreas protegidas deveriam ser de tamanho suficiente para permitir maior número de espécies em equilíbrio; ter o menor número de subdivisões possível, a fim de evitar barreiras à dispersão de espécies; no caso da subdivisão ser necessária, que as partes estivessem próximas e, preferencialmente, dispostas de maneira eqüidistante umas das outras e em formato circular.

---

1. Biogeografia é o estudo da distribuição dos organismos vivos e dos processos naturais que afetam essa distribuição – pode ser usada para classificar a biosfera em distintas instituições que contêm distintas comunidades bióticas (MacKinnon et al., 1986).

Os próprios formuladores da teoria, MacArthur e Wilson, admitiram que sua teoria não estava suficientemente validada. Alguns autores, como Doak & Mills (1994), afirmam que a teoria, a partir do início dos anos 80, passou a ser criticada do ponto de vista ecológico e estatístico.

b) Com base na conservação genética das espécies

Johnson (1995) relata que as vantagens são: identificação dos elementos da biodiversidade que se encontram em perigo de extinção; proteção de várias espécies, pois incluem as espécies-chave e os megainvertebrados que funcionam como espécies guarda-chuva; controle e complemento da cobertura de áreas propostas por critérios biogeográficos; promove rápido entendimento do público, na medida em que estabelece, com clareza, que aquele é o único lugar onde determinado animal ou planta pode ser visto e; ainda, permite a listagem e a formação de banco de dados que auxilia na avaliação dos dados da biogeografia.

Essa abordagem pode ser útil em identificar prioridades para obter apoio legal e público, no entanto, é falha como estratégia de salvar espécie por espécie, pois contempla apenas fração da biodiversidade.

c) Em função de bancos genéticos *in situ*

Os bancos genéticos assumem importância devido ao fato de protegerem o material genético e não as espécies, comunidades ou ecossistemas. Representam valor econômico que pode estar associado a usos futuros, como melhoria da variedade de plantas ou produção de produtos bioquímicos. Esses bancos guardam *pools* de genes selvagens, em habitat natural e sob proteção ambiental, que têm valor para pecuária, agricultura e, ainda, biotecnologia.

d) Em função dos ecossistemas

De acordo com Johnson (1995), o objetivo básico é conservar uma variação de habitats e os processos biológicos dentro de uma escala geográfica de interesse. Apresenta vantagens como proteção às áreas com funções ecológicas imprescindíveis à biodiversidade (manguezais, por exemplo); integra as variáveis físicas do habitat; pode ser aplicada em qualquer nível de hierarquia, ou seja, nos diversos tipos de paisagem; e permite a proteção da diversidade genética e dos processos biológicos.

Brito (2000) enumera, ainda, os critérios *em função dos aspectos políticos*, com apelo ao orgulho nacional; *em função do turismo*, cuja preocupação é atender à necessidade turística; *em função de aspectos hidrológicos*, que considera a suscetibilidade das áreas em relação à erosão, à probabilidade de ocorrência de enchentes de rios, à sazonalidade da produção de água e à importância sócio-econômica da bacia hidrográfica; *em função dos refúgios do Pleistoceno*, que foi utilizado como metodologia para definição de áreas protegidas na Amazônia; e *em função da praticabilidade de manejo*, que leva em conta fatores como grau de investimento de recursos para estabelecimento e manutenção das áreas protegidas, conflitos potenciais, entre outros fatores.

A teoria dos *refúgios do Pleistoceno*, indicada por Prance (1976), baseia-se no grau de endemismo de fauna e flora, decorrente de longos períodos de isolamento durante eras frias e secas aos quais as espécies de plantas e animais estiveram sujeitos. Acredita-se que, por meio da identificação desses refúgios, é possível aumentar as chances de preservar a maioria das espécies da região (Pádua & Quintão, 1982).

A partir dos estudos com base em ecorregiões[2] (Dinnerstein et al., 1995), a Usaid (United States Agency for International Development) desenvolveu um conjunto de critérios para identificação de áreas prioritárias para conservação: viabilidade institucional e política, levando-se em consideração a capacidade de conduzir a conservação a curto e longo prazo; a importância biológica para diversos grupos taxonômicos; e o estado de conservação, ou seja, identificação de ausência ou presença de blocos de habitat natural, cobertura de áreas protegidas, grau de fragmentação do habitat, entre outros fatores (BSP et al., 1995).

Há, também, critérios *em função dos aspectos culturais*, com foco antropológico, cuja preocupação é preservar o legado histórico-cultural de determinada população, como as reservas indígenas.

Pode-se dizer que, em relação aos critérios de delimitação de áreas protegidas, em âmbito mundial, há maior ênfase em critérios biológicos, provavelmente em razão da formação profissional dos pesquisadores que se debruçaram sobre esse campo do conhecimento ou, ainda, pela prática da visão reducionista em relação ao meio ambiente.

No entanto, deve-se ter consciência de que as peculiaridades locais e o objetivo da área protegida sejam os norteadores na escolha do método ou critérios mais adequados àquela finalidade específica.

Para finalizar, infere-se que os diferentes métodos e critérios de delimitação de áreas protegidas possuem vantagens e limitações. A decisão sobre qual método e quais critérios utilizar na delimitação geográfica dessas áreas depende do tipo e da qualidade de informações disponíveis, bem como do objetivo a ser alcançado (enquadramento nos diversos tipos de espaços territoriais protegidos e sua identidade).

---

2. Ecorregião é um conjunto geograficamente distinto de comunidades que compartilham a grande maioria de espécies e condições ambientais similares (Dinnerstein et al., 1995).

Capítulo 2

Modelo de conservação e preservação dos recursos naturais no Brasil

Quanto ao modelo brasileiro de unidades de conservação, Dourojeanni (1997) e Milano (2000) comungam a idéia de que ele apresenta características bastante próprias, não sendo cópia do modelo norte-americano, notadamente em razão de que o modelo brasileiro se baseou, em diferentes níveis e de diferentes maneiras, em convenções internacionais. A Lei n.º 9.985, de 18/7/2000 (Brasil, 2000), que instituiu o Sistema Nacional de Unidades de Conservação da Natureza, é resultado de quase uma década de debate nacional, traduzindo as essências de toda base conceitual histórica adotada no País.

No modelo brasileiro, a conservação da biodiversidade não é o único objetivo de manejo das diferentes categorias de unidades de conservação. Há outros objetivos, como a proteção de bacias, de fontes d'água e de paisagens; o fomento da recreação e do turismo ao ar livre; a conservação de sítios históricos, arqueológicos e culturais etc., que são tão importantes quanto a conservação da biodiversidade.

Institucionalmente, as unidades de conservação são áreas delimitadas no território nacional, estabelecidas pelo governo federal, bem como pelas Unidades da Federação, por meio dos respectivos governos estaduais e municipais, para proteção de ecossistemas significativos, cumprindo os seguintes objetivos (Bruck et al., 1995; MMA, 1997):

a) preservação de bancos genéticos, de fauna e flora, de modo a permitir pesquisas que levem à utilização racional pelo ser humano;

b) acompanhamento, por meio do monitoramento no entorno e nas áreas estritamente protegidas, das alterações ambientais ocorridas, correlacionando as mudanças internas e externas e estabelecendo parâmetros para condução do uso do solo e reabilitação dos espaços já degradados;

c) proteção dos recursos hídricos, especialmente das cabeceiras de rios e mananciais de abastecimento, ao longo das bacias hidrográficas sujeitas a pressões demográficas ou à ocupação predatória;

d) proteção de paisagens de relevante beleza cênica ou que contenham valores culturais, históricos e arqueológicos, de interesse para pesquisa, educação ou turismo;

e) condução, nessas áreas, de atividades de educação ambiental – formal, informal, turística ou de informação à comunidade – com objetivo de desenvolver uma consciência pública voltada para a conservação do meio ambiente e dos recursos naturais;

f) criação de condições adequadas ao desenvolvimento de pesquisas com a finalidade de atender às necessidades das áreas de entorno das unidades de conservação que contenham ecossistemas similares aos estudados, permitindo apropriação racional dos recursos naturais;

g) proteção de áreas sob domínio de particulares que tenham relevantes interesses faunísticos e florísticos;

h) proteção de áreas naturais que venham a ter, futuramente, utilização racional dos recursos.

O papel do estabelecimento das áreas protegidas

Visando à proteção ambiental, o estabelecimento das áreas protegidas tem importante papel dentre as medidas preventivas, apresentando dois procedimentos básicos: 1. interromper, em alguns casos, a atuação antrópica de modo a permitir a manutenção e a recuperação de atributos naturais ou, 2. em outros casos – de maneira concomitante ou não no mesmo espaço –, permitir o uso desses recursos garantindo sua manutenção no longo prazo em condições regulares, minimizando, assim, em ambos os procedimentos, as respostas negativas da atuação antrópica.

Alguns pontos essenciais dentro da política de proteção ambiental são o envolvimento dos cidadãos, a participação efetiva da sociedade no processo de desenvolvimento econômico e a proteção dos recursos naturais. Marsiglia Neto (1998) é partidário da tese de que a sociedade é a única capaz de tocar os sentidos da classe política. Para o referido autor, ela é a principal aliada para atingir os objetivos da criação de um arcabouço político-institucional sólido, indispensável ao desenvolvimento perene; exigindo as devidas articulações com as políticas nacionais de saúde pública, desenvolvimento urbano, meio ambiente e recursos hídricos.

Para a concepção de uma área protegida, a necessidade de entender o espaço total é imprescindível. Por espaço total entende-se o arranjo e o perfil adquiridos por determinada área em função da organização humana que lhe foi imposta ao longo dos tempos. Ab'Saber (1998) visualiza que a gênese do espaço – considerado de modo total – envolve análise da estruturação espacial realizada por ações humanas sobre os atributos remanescentes de um espaço herdado da natureza. Por essa razão, deve-se conhecer o funcionamento dos fluxos vivos da natureza (perturbados, mas não inteiramente eliminados) e toda a história e as formas de ocupação dos espaços criados pelo ser humano.

Segundo roteiro do Ministério do Meio Ambiente (MMA, 2001), que define, basicamente, as etapas do processo que orienta o poder público a se decidir pela criação de uma unidade de conservação (área protegida), a identificação da demanda pela criação da unidade é dada por: sociedade civil, comunidade científica, poder público etc., laudo acerca dos fatores bióticos e abióticos da área, levantamento sócio-econômico, entre outros.

O MMA (2001) destaca, ainda, dois grandes problemas das áreas protegidas brasileiras: 1. o total de área protegida por bioma é insuficiente para a conservação da biodiversidade (mínimo de 10% de proteção integral por bioma, segundo as conclusões do "IV Congresso Internacional de Áreas Protegidas", em Caracas, 1992); e 2. as áreas já criadas ainda não atingiram plenamente os objetivos que motivaram sua criação. No entanto, aponta como oportunidades favoráveis à superação dos desafios anteriormente expostos: o Sistema Nacional de Unidades de Conservação da Natureza (SNUC), por meio da Lei nº 9.985/2000, instituiu um sistema de unidades de conservação que integra, sob um único marco legal, as unidades de conservação dos três entes da Federação (federal, estadual e municipal), bem como afirmou que, pela primeira vez no Brasil, o meio ambiente é visto não como uma restrição ao desenvolvimento, mas como um mosaico de oportunidades de negócios sustentáveis que harmonizam o crescimento econômico, a geração de emprego e renda e a proteção dos recursos naturais.

Ao buscar o bem-estar comum referenciado na Constituição Federal, o poder público deve incorporar a perspectiva ambiental nas demais políticas, de modo a propiciar a consecução dos pressupostos do desenvolvimento sustentável, em sua plenitude. Portanto, o papel do poder público é muito importante nesse processo.

O estabelecimento de espaços territoriais especialmente protegidos em todas as Unidades da Federação é atribuição constitucional do poder público, sendo competência concorrente de todos os entes da Federação, ou seja, União, Estados, Distrito Federal e municípios.

A política ambiental em relação às áreas protegidas

Em razão da política mercantilista de exploração a que o Brasil foi submetido à época colonial, o impacto dessa extração intensiva representou grande devastação das florestas, principalmente no ambiente costeiro. José

Bonifácio, no início do século XIX, tinha grande preocupação com a destruição das matas, pois havia estudado os efeitos do desmatamento sobre a fertilidade dos solos em Portugal (Diegues, 1998).

Em 1934 realizou-se a 1ª Conferência Nacional para Proteção da Natureza. Nesse mesmo ano surgiram o primeiro Código de Caça e Pesca, o Código das Águas, o Código de Minas e o Código Florestal. A Constituição de 1937, endossando a de 1934, que definiu as responsabilidades da União em proteger belezas naturais e monumentos de valor histórico, afirmava em seu artigo 134 que os monumentos históricos, artísticos e naturais gozavam de proteção e cuidados especiais da Nação, dos Estados e dos municípios. O Código Florestal de 1934 conceituava, além dos Parques Nacionais, as Florestas Nacionais, suscetíveis à exploração econômica, e as florestas protetoras, áreas de preservação em propriedades privadas (WWF, 1994).

Em 1965 foi instituído o novo Código Florestal que dividiu em dois blocos as áreas públicas de preservação: o das que não permitiam a exploração dos recursos naturais e o das que permitiam. O Código Florestal instituiu as Áreas de Preservação Permanente e as Áreas de Reserva Legal que integram o conjunto brasileiro de áreas protegidas. Em 1967, por meio do Decreto nº 289, de 28/2/1967, foi criado o Instituto Brasileiro de Desenvolvimento Florestal (IBDF), ficando a seu cargo a administração das unidades de conservação: Parques Nacionais e Reservas Biológicas. A partir de 1967, coube ao IBDF – e a partir de 1973 também à SEMA (Secretaria Especial do Meio Ambiente) – a implantação e a administração das unidades de conservação.

Em 1989, com a criação do Ibama (Instituto Brasileiro do Meio Ambiente), sucessor do SEMA, o estabelecimento e a administração das unidades de conservação passaram a ser desse órgão. O Ibama pediu uma reavaliação do Plano de Sistema de Unidades de Conservação, estabelecido em 1979.

Em 1981 foi sancionada a Lei nº 6.902, de 27/4/1981, tratando da criação de Áreas de Proteção Ambiental e Estações Ecológicas. No mesmo ano, foi institucionalizada a Política Nacional do Meio Ambiente (PNMA), por meio da Lei nº 6.938, de 31/8/1981.

Em 1984, por meio do Decreto nº 88.336, foram criadas as Reservas Ecológicas e as Áreas de Relevante Interesse Ecológico. Em 1990, por meio do Decreto nº 98.897, foi criada a unidade de conservação denominada Reserva Extrativista e, por meio do Decreto nº 98.914, foram criadas as Reservas Particulares do Patrimônio Natural. A Constituição Federal, promulgada em 1988, abraça as legislações anteriores no que diz respeito à matéria ambiental. Meirelles (1996) enfoca a importância da inclusão de um capítulo dedicado ao meio ambiente na Constituição de 1988, pela primeira vez na história política, considerando-o como um bem de uso comum do povo e essencial à qualidade de vida, impondo ao poder público e à coletividade o dever de preservá-lo e defendê-lo para as gerações futuras e presentes.

O capítulo sobre meio ambiente (Cap. V, Brasil, 1988), Art. 225, estabelece as diretrizes gerais que norteiam as políticas ambientais, abrindo espaço institucional para uma ação cada vez mais intensa do Estado em termos de regulamentação, execução e fiscalização (Bursztyn, 1994); vindo a consolidar princípios, diretrizes e instrumentos definidos anteriormente pela Lei da Política Nacional do Meio Ambiente (Monosowski, 1989).

O Sistema Nacional do Meio Ambiente (Sisnama), instituído pela Lei nº 6.938/81, compõe-se basicamente de duas esferas: a primeira, de formulação de políticas e articulação interinstitucional; e a segunda, essencialmente de execução da Política Nacional do Meio Ambiente. À primeira esfera correspondem o Conselho Nacional de Meio Ambiente (Conama), órgão superior do Sistema, e o Ministério do Meio Ambiente, dos Recursos Hídricos e da Amazônia Legal (MMA, órgão central). À segunda esfera correspondem o Instituto Brasileiro do Meio Ambiente e dos Recursos Naturais Renováveis (Ibama), executor da Política Federal de Meio Ambiente; os órgãos da administração pública federal (setoriais), gestores de políticas públicas conexas, isto é, que afetam o meio ambiente ou a gestão ambiental; os Órgãos Estaduais de Meio Ambiente – OEMA (seccionais) e, à medida que forem se organizando, os órgãos municipais de meio ambiente (locais) (MMA, 1997).

A PNMA, instituída por meio da Lei nº 6.938, de 31/8/1981, tem por objetivos (Brasil, 1981a):

- a compatibilização do desenvolvimento socioeconômico com a preservação da qualidade do meio ambiente e o equilíbrio ecológico;

- a definição de áreas prioritárias de ação governamental relativas à qualidade e ao equilíbrio ecológico;

- o estabelecimento de critérios e padrões de qualidade ambiental e de normas relativas ao uso e ao manejo de recursos ambientais;

- a difusão de tecnologia de manejo do meio ambiente, a divulgação de dados e informações ambientais e a formação de uma consciência pública sobre a necessidade de preservação da qualidade ambiental;

- a preservação e a restauração dos recursos ambientais com vistas à utilização racional e à disponibilidade permanente;

- a implantação, ao poluidor e ao predador, da obrigação de recuperar e/ou indenizar os danos causados e, ao usuário, da contribuição pela utilização de recursos ambientais com fins econômicos.

Na realidade, o objetivo fundamental da PNMA é a compatibilização do desenvolvimento socioeconômico com a preservação da qualidade do meio ambiente e do equilíbrio ecológico (Art. 4º, I, da Lei nº 6.938/81), que deve servir de parâmetro para a interpretação das limitações administrativas de proteção ambiental.

Em 1986, a Resolução Conama nº 1 estabeleceu as bases de licenciamento do Estudo Prévio de Impacto Ambiental (EPIA) e do Relatório de Impacto do Meio Ambiente (RIMA). A referida resolução, vista pela ótica da gestão ambiental, representou, segundo Bursztyn (1994), a introdução da variável meio ambiente no processo decisório da alocação de recursos produtivos públicos e privados. Ainda nesse ano, a Resolução Conama nº 20/86 estabeleceu o enquadramento dos corpos d'água com base nos níveis de qualidade que deveriam possuir, considerando a necessidade de criar instrumentos para avaliar a evolução da qualidade das águas.

A partir de 1992 iniciou-se a discussão sobre o sistema nacional de unidades de conservação, por meio do Projeto de Lei nº 2.892. Em 2000 foi institucionalizado o SNUC, por meio da Lei nº 9.985, de 18/7/2000.

O conhecimento da legislação ambiental é imprescindível, uma vez que é um poderoso instrumento colocado à disposição da sociedade, a fim de que se faça valer o direito constitucionalmente assegurado a todo o cidadão brasileiro de viver em condições dignas em ambiente saudável e ecologicamente equilibrado (Semace, 1994).

Os instrumentos da Política Nacional do Meio Ambiente

São apresentados, a seguir, os instrumentos da PNMA e breves comentários sobre cada um deles. No entanto, é dada atenção especial ao inciso VI, que cita a criação de espaços territoriais protegidos como um dos instrumentos da Lei nº 6.938/81.

De acordo com o Art. 9º da referida lei, são instrumentos da Política Nacional do Meio Ambiente:

a) Estabelecimento de padrões de qualidade ambiental

Esses padrões estabelecem a capacidade de suporte do meio ambiente e têm por objetivo prevenir ou corrigir os inconvenientes e os prejuízos da poluição e da contaminação do meio ambiente. Nesse sistema incluem-se os padrões de qualidade do ar estabelecido pela Resolução Conama nº 3, de 28/6/1990; e das águas, cuja classificação foi estabelecida pela Resolução Conama nº 20, de 18/6/1986, em doces, salobras e salinas, definindo seus níveis de qualidade, avaliados por parâmetros e indicadores específicos.

A Resolução Conama nº 3, de 28/6/1990, define os padrões de qualidade de ar como concentrações de poluentes atmosféricos que, ultrapassadas, poderão afetar a saúde, a segurança e o bem-estar da população, bem como ocasionar danos à fauna e à flora, aos materiais e ao meio ambiente em geral.

Mota (1997) considera que os teores máximos de impurezas permitidos na água são estabelecidos em função de seus usos, e esses teores constituem os padrões de qualidade, os quais são fixados por instituições públicas com o objetivo de garantir que a água a ser utilizada para determinado fim não contenha impurezas que venham a prejudicá-lo.

b) Zoneamento ambiental

O objetivo do zoneamento ambiental é o planejamento adequado do espaço territorial visando compatibilizar a convivência dos seres que o habitam com as atividades nele exercidas, por meio da identificação das suscetibilidades (vocações) e restrições ambientais. Este pressupõe o conhecimento dos atributos naturais no sentido de caracterizá-los e diagnosticá-los, permitindo a planificação dos espaços e seus respectivos usos e ocupação. É de máxima importância sua concretização, na medida em que auxilia na avaliação de impactos ambientais e serve de embasamento para outros instrumentos da PNMA.

O Zoneamento Ambiental (ZA), como instrumento da Política Nacional do Meio Ambiente, Art. 9º, inciso II da Lei nº 6.938 de 1981, foi regulamentado pelo Decreto nº 4.297 de 2002, estabelecendo critérios para o Zoneamento Ecológico-Econômico (ZEE). Assim, o ZA foi regulamentado com o nome de ZEE.

De acordo com Câmara (1993), a Área de Proteção Ambiental é a única categoria de unidade de conservação no Brasil cuja implantação se dá por meio do ZEE, uma vez que para as demais áreas são elaborados planos de manejo. De acordo com Fontes (1997), o ZEE tem por objetivo permitir o direcionamento da localização de atividades econômicas considerando o potencial ambiental da região.

Para Bezerra & Bursztyn (2000), os resultados esperados do instrumento zoneamento ambiental são: 1. identificação de zonas equiproblemáticas em função de suas potencialidades, limitações de uso e demandas socioeconômicas; 2. identificação de medidas e ações que concretizem os processos de produção requeridos para satisfazer as demandas socioeconômicas, de acordo com a sustentabilidade ambiental; 3. identificação de alterações provocadas no meio ambiente pelos projetos de grande porte, indicando ações que minimizem os efeitos do impacto ambiental provocado pelos mesmos; 4. avaliação e discussão de projetos implantados e previstos para avaliar a capacidade de suporte das áreas destinadas aos fins propostos; e 5. indicação de áreas para reabilitação de ecossistemas afetados pela ação antrópica e daquelas que devam ser estudadas com o objetivo de implantar unidades especiais, visando preservar a biodiversidade, atender à legislação sobre o meio ambiente e implantar e manter reservas indígenas.

c) Avaliação de Impactos Ambientais (AIA)

Trata-se de um conjunto de procedimentos preventivos dentro do processo de controle ambiental. Segundo Milaré (1994), tem por objetivo evitar que um projeto, programa, atividade ou obra, justificável sob prismas econômicos ou sociais, venha a ser negativo para o meio ambiente. A avaliação de impacto ambiental é um dos instrumentos mais importantes dentro da PNMA.

Por meio da Lei n° 6938/81, a avaliação de impacto ambiental passa a ser exigível em qualquer situação considerada potencialmente danosa ao meio ambiente. O Conama estabeleceu a vinculação da AIA aos sistemas de licenciamentos ambientais. A Resolução Conama n° 1, de 23/1/86, em seu Art. 2°, faz referência a uma lista de atividades cujo licenciamento depende da realização de Estudo de Impacto Ambiental (EIA).

A própria Constituição Federal (Brasil, 1988), em seu Art. 225, inciso IV do Parágrafo 1°, fundamenta a necessidade do EPIA, sendo abordado também pela Resolução Conama n° 06/87 e pelos parágrafos 2° e 3° do Art. 10° da Lei n° 6.803/80. Assim, o EPIA e seu respectivo RIMA têm significante contribuição, por permitir que, previamente, sejam conhecidos e valorados os impactos decorrentes de projeto, implantação, operacionalização e desativação de um empreendimento ou atividade.

d) Licenciamento e revisão de atividades efetiva ou potencialmente poluidoras

Esse ponto foi disciplinado pelos artigos 17 a 32 do Decreto n° 99.274/ 90. De acordo com Cerucci (1998), o licenciamento ambiental encontra-se intimamente ligado ao processo de estudo de impacto ambiental, uma vez que as concessões de licenças são dadas somente após a apreciação e aprovação do EPIA. O referido autor salienta que muitas vezes essa exigência é mal interpretada, sendo considerada uma medida apenas burocrática, em vez de reguladora da instalação de atividades que podem representar riscos à qualidade ambiental.

A PNMA, em seu Art. 10°, condiciona a realização do licenciamento ambiental à construção, à instalação, à ampliação e ao funcionamento de estabelecimentos e atividades que utilizam recursos ambientais, considerados efetiva ou potencialmente poluidores.

e) Incentivos à produção e à instalação de equipamentos e à criação ou absorção de tecnologia, voltados para a melhoria da qualidade ambiental

f) Criação de espaços territoriais especialmente protegidos pelo poder público federal, estadual e municipal, como Áreas de Proteção Ambiental, Áreas de Relevante Interesse Ecológico e Reservas Extrativistas

O Art. 3º do Decreto nº 89.336/84 regulamenta a matéria desse inciso da seguinte forma: "a proteção das Reservas Ecológicas e Áreas de Relevante Interesse Ecológico tem por finalidade manter os ecossistemas naturais de importância regional ou local e regular o uso admissível dessas áreas de modo a compatibilizá-lo com os objetivos da conservação ambiental".

g) O Sistema Nacional de Informações sobre o Meio Ambiente

O MMA (1997) traz, dentro dos resultados do Programa Nacional do Meio Ambiente, a institucionalização da Rede Nacional de Informação Ambiental (Renima), conectada ao ambiente internacional de informação por meio da disponibilização de seus bancos de dados na Internet. O Programa Nacional do Meio Ambiente também estruturou, implantou e equipou o Centro Nacional de Informação Ambiental (CNIA), que seria o centro de articulação e coordenação da Renima.

O Ibama (2002) já disponibilizou na Internet o CNIA, com informações acerca do Sistema Nacional de Informações sobre o Meio Ambiente e da Renima. No entanto, atualmente, a base de dados disponível concerne apenas à legislação ambiental e a informações bibliográficas.

h) Cadastro técnico federal de atividades e instrumentos de defesa ambiental

Na página virtual do Ibama (2002) podem ser encontradas informações sobre esse instrumento, no sentido de proceder o registro, com caráter obrigatório, de pessoas físicas e jurídicas que se dediquem à prestação de serviços de consultoria sobre problemas ecológicos ou ambientais, bem como à elaboração do projeto, fabricação, comercialização, instalação ou manutenção de equipamentos, aparelhos e instrumentos destinados ao controle de atividades efetivas ou potencialmente poluidoras.

i) Penalidades disciplinares ou compensatórias ao não cumprimento das medidas necessárias à preservação ou correção da degradação ambiental

Pode-se citar, por exemplo, a Lei de Crimes Ambientais, Lei nº 9.605, de 13/2/1998, que dispõe sobre as sanções penais e administrativas de condutas e atividades lesivas ao meio ambiente entre outras providências. Essa legislação, em vigor, contribui para a eficácia do cumprimento das legislações anteriores concernentes à proteção do meio ambiente.

j) Instituição do Relatório de Qualidade do Meio Ambiente
A ser divulgado anualmente pelo Ibama.

k) Garantia da prestação de informações relativas ao meio ambiente

Obriga o poder público a produzi-las, quando inexistentes.

O Renima (MMA, 1997) é um passo importante na prestação de informações, uma vez que estas, quando existentes, serão disponibilizadas na rede mundial de computadores.

Outra fonte de informação essencial para a consecução da Política Ambiental é a elaboração do Zoneamento Ambiental. Importante, também, para cumprir o disposto na Constituição Federal no Art. 23, que determina que é competência comum de todos os entes da Federação (União, Distrito Federal, Estados e Municípios) proteger o meio ambiente e combater a poluição em qualquer de suas formas, uma vez que a competência material (tomar conta) necessita de informações para ser exercida em plenitude.

l) Cadastro técnico federal de atividades potencialmente poluidoras e/ ou utilizadoras dos recursos ambientais

O Ibama (2002) iniciou o cadastramento de pessoas físicas e jurídicas com o objetivo de controlar e monitorar as atividades potencialmente poluidoras e/ou a extração, a produção, o transporte e a comercialização de produtos potencialmente perigosos ao meio ambiente, assim como de produtos e subprodutos da fauna e da flora.

Vale salientar que o disposto em e), j) e k) não se apresentam sistematizados de forma direta ou efetiva pelo poder público federal.

A Lei sobre a PNMA propõe, igualmente, algumas inovações quanto aos instrumentos e às estratégias de sua implantação, dentre as quais destacam-se, por seu caráter inovador, o Zoneamento Ambiental, a Avaliação dos Impactos Ambientais, o Cadastro Técnico Federal de Atividades e Instrumentos de Defesa Ambiental, entre outros, como a elevação de determinadas unidades de conservação a instrumentos dessa política (Monosowski, 1989). A autora afirma que tanto a Lei nº 6.938/81 quanto a Constituição Federal apresentam uma abordagem estratégica, adotada pelo Estado com caráter de proteção do meio ambiente, sendo enfatizados os aspectos de restrição ao uso de determinados recursos e espaços e sendo pouco elaborados os referentes à utilização do meio ambiente para o desenvolvimento econômico.

Para Souza (2000), a política ambiental deve apresentar alguns elementos para sua implementação consistente, a saber:

- objetivos e pressupostos – que devem responder aos motivos pelos quais a política deve ser implementada, ou seja, representam o "o quê" deve ser buscado;

- instrumentos – as formas de atingir os objetivos propostos, trata-se do "como implementar" a política;

- definição dos aspectos institucionais – representantes dos atores que devem implementar a referida política, é o "quem implementa".

Há sérias dificuldades para a implementação da atual política de meio ambiente, entre elas a constatação de que a sociedade brasileira é marcada pelo compromisso com o poder dominante.

Souza (2000) acrescenta que, após 20 anos, os instrumentos da PNMA que se encontram implementados são:

- estabelecimento de padrões de qualidade ambiental, parte da avaliação de impacto ambiental – somente o estudo de impacto ambiental – e licenciamento de atividades que emitem poluentes;

- criação de alguns espaços territoriais especialmente protegidos;

- atribuição de penalidades disciplinares ou compensatórias ao não cumprimento das medidas necessárias de preservação ou correção da degradação ambiental;

- regulamentação do Zoneamento Ambiental – como Zoneamento Ecológico-Econômico –, que abre perspectivas de melhor adequação locacional das atividades, de inserção das questões ambientais para a implantação de Política Pública e serve como base ambiental para a localização de Unidade de Conservação. Trata-se, portanto, de um importante instrumento, o qual apresenta boas perspectivas de implementação.

Esses instrumentos são insuficientes para que os objetivos da política ambiental sejam atingidos, mesmo porque a forma como estão implementados é completamente desarticulada entre si.

Portanto, seria interessante, do ponto de vista ambiental, que a criação de espaços territoriais protegidos não viesse dissociada dos demais instrumentos preconizados na PNMA. É importante que os instrumentos sejam efetivamente institucionalizados, pois são indispensáveis para o estabelecimento de condições favoráveis à gestão ambiental.

Em relação às informações ambientais, em caráter nacional, percebe-se o quanto elas são desejáveis, ou até mesmo imprescindíveis, na medida em que são a base teórica do processo de criação de áreas protegidas. Deve-se observar que há fatores preponderantes na delimitação das unidades de conservação que exigem esforços organizados no tocante ao levantamento das características do meio e à sistematização de dados e informações ambientais, bem como sua posterior análise.

A participação da sociedade, organizada ou não, no processo de criação de unidades de conservação é um passo importante na conquista dos espaços territoriais a serem protegidos, uma vez que a população é um dos atores envolvidos, sendo, talvez, o mais preterido nesse processo, por ser, muitas vezes, relegado a segundo plano no momento da criação desses espaços. A proposta do Sistema Nacional de Unidades de Conservação da Natureza (Brasil, 2000), quando trata da criação, da implantação e da gestão das UCs, procura apresentar uma visão democrática, mencionando a participação da sociedade em seu estabelecimento, sobretudo a de comunidades locais que serão afetadas pelas restrições de uso dos recursos naturais.

O envolvimento do cidadão na tomada de decisões pode facilitar o diálogo com as esferas superiores que possuem o poder de deliberação sobre o processo, bem como intensificar o convívio harmonioso com o meio pela relação que se cria entre o homem e a área a ser preservada. A sociedade deve pressionar o poder público a sistematizar os instrumentos preconizados na PNMA, a fim de facilitar a articulação em matéria ambiental, notadamente, formalizar as áreas de interesse para conservação.

Dentre os instrumentos da PNMA, não se pode prescindir do zoneamento ambiental, uma vez que este nortearia a implantação não apenas das áreas a serem protegidas, mas também serviria como importante banco de dados para a implementação de diversos outros empreendimentos, em razão de seu caráter informativo.

No âmbito da visão de criação de espaços territoriais protegidos, os instrumentos preconizados pela PNMA, em conjunto, serviriam como elementos norteadores na proposição dos limites geográficos e dos atributos a serem protegidos nesses espaços.

Sistema Nacional de Unidades de Conservação da Natureza (SNUC)

Após oito anos tramitando no Congresso Nacional, em 18 de julho de 2000 foi sancionada a Lei nº 9.985, instituindo o SNUC, que, segundo Guatura (2000), constituiu um marco para criação, implantação, consolidação e gestão dessas unidades.

Há dois grupos de unidades de conservação integrantes do SNUC (Brasil, 2000): Unidades de Proteção Integral e Unidades de Uso Sustentável. O primeiro tem por princípio manter os ecossistemas livres de alterações causadas por interferência humana, admitindo apenas o uso indireto de seus atributos naturais. Entende-se por uso indireto as atividades que fazem uso da natureza sem, no entanto, causar alteração significativa dos atributos naturais, como pesquisas científicas com base em observações e outros métodos não destrutivos ou, ainda, a visitação pública controlada com propósitos educativos e de lazer. As Estações Ecológicas, as Reservas Ecológicas, os Parques Nacionais, os Monumentos Naturais e os Refúgios de Vida Silvestre compoem esse grupo, o qual traduz as intenções de preservação dos recursos naturais.

O segundo grupo, Unidades de Uso Sustentável, tem por princípio o uso dos recursos naturais renováveis em quantidades ou com intensidade compatível a sua capacidade de renovação. As Reservas Extrativistas, as Áreas de Proteção Ambiental, as Áreas de Relevante Interesse Ecológico, as Florestas Nacionais, as Reservas de Fauna, as Reservas de Desenvolvimento Sustentável e as Reservas Particulares do Patrimônio Natural compoem esse grupo, o qual traz a concepção de conservação dos recursos naturais. A categoria Unidade de Manejo Provisório, que constava no primeiro Projeto de Lei (PL), n$^{\circ}$ 2.892/92, foi suprimida (Brasil, 1992).

No Brasil, as Unidades de Conservação Federais administradas pelo Ibama somam aproximadamente 45 milhões de hectares, sendo 201 unidades de conservação de uso direto e indireto – 28 Áreas de Proteção Ambiental (APAs), 12 Reservas Extrativistas (RESEXs), 28 Reservas Biológicas (REBIOs), 34 Estações Ecológicas (ESECs), 48 Florestas Nacionais (FLONAs), 5 Reservas Ecológicas (RESECs), 18 Áreas de Relevante Interesse Ecológico (ARIEs) e 43 Parques Nacionais (PARNAs) – e 253 Reservas Particulares do Patrimônio Natural (RPPNs) (MMA, 2002).

Inovações do Sistema Nacional de Unidades de Conservação da Natureza

Alguns pontos do SNUC são bastante interessantes de serem analisados, em função de sua relevância no processo de implementação das diferentes categorias de unidades de conservação (UCs). De acordo com o Art. 5°, inciso XII, o SNUC será regido por diretrizes que "busquem conferir às unidades de conservação, nos casos possíveis e respeitadas as conveniências da administração, autonomia administrativa e financeira".

Sabe-se que o município possui autonomia administrativa e a ele cabe promover o ordenamento territorial, mediante planejamento e controle do uso, do parcelamento e da ocupação do solo. Ou seja, dentro do município o prefeito é o legítimo representante do poder público administrativo.

O fato de o SNUC conferir às UCs autonomia administrativa, com a ressalva expressa de que isto ocorrerá nos casos possíveis e respeitadas as conveniências da administração, implica que todos os agentes envolvidos no processo comunguem da mesma idéia de preservação de determinada área, com objetivos em comum e procedimentos de manutenção acordados.

No Art. 27, o SNUC traz a obrigatoriedade de as UCs disporem de plano de manejo, entendido como documento técnico mediante o qual, com fundamento nos objetivos gerais de cada UC, se estabeleça seu zoneamento e as normas que devem presidir o uso da área e o manejo dos recursos naturais, inclusive a implantação das estruturas físicas necessárias à gestão da unidade.

Percebe-se que o SNUC atribui aos técnicos a missão de elaborar o zoneamento e os usos possíveis de determinada área, mesmo em se tratando de edificar com o propósito de acolher os gestores da unidade. Notadamente, geram-se nesse instante conflitos administrativos. Se for levado em consideração que uma única unidade de conservação, em razão de suas proporções, pode alcançar mais de um município, tem-se a configuração de conflitos de magnitude maior.

O inciso VIII, do Art. 5º do SNUC, referencia que o processo de criação e gestão das UCs deve ser realizado de maneira integrada com as políticas de administração de terras e águas circundantes, considerando as condições e as necessidades sociais e econômicas. Observa-se que o legislador tem a preocupação de minimizar os conflitos, ainda no processo de criação das UCs, por meio da consonância de objetivos que contemplem os usos da propriedade e das águas.

Observa-se que o SNUC enfatiza as condições e as necessidades sociais e econômicas do local no processo de criação e gestão das UCs. Uma vez que o poder de barganha sobre determinadas coisas se encontra, muitas vezes, nas mãos dos detentores do poder econômico, torna-se bastante difícil a compatibilização dos diversos objetivos.

Outra preocupação é compatibilizar os objetivos dos Comitês de Bacias Hidrográficas com os objetivos de preservação da unidade de conservação, pois nem sempre a área da UC está totalmente inserida em uma única bacia hidrográfica, tendo a UC de respeitar ou, na medida do possível, implementar as sugestões de mais de um comitê. Novamente, nesse caso, os comitês não possuem autonomia administrativa, e nem a Política Nacional dos Recursos Hídricos prevê essa faculdade; portanto, também os comitês enfrentam conflitos de gestão, principalmente em relação à autonomia administrativa municipal.

O Art. 5º, inciso III, assegura, como diretriz do SNUC, a participação efetiva das populações locais na criação, na implantação e na gestão das unidades de conservação. No SNUC garante-se a obrigação do poder público em fornecer informações adequadas e inteligíveis à população, porém não é definida de que forma acontecerá essa participação. A sistematização dos diversos instrumentos da PNMA (Brasil, 1981a) preencheria esse fomento por informações ambientais.

Outra proposição do SNUC é a gestão integrada de unidades de conservação. Quando houver um conjunto de UCs de categorias diferentes ou não, próximas, justapostas ou sobrepostas, e outras áreas públicas ou privadas, a gestão deve ocorrer de forma integrada e participativa, considerando os objetivos de cada UC. Nesse caso, o SNUC prevê regulamento específico em lei.

O SNUC afirma que a criação das unidades de conservação (UCs) ocorre mediante ato do poder público (Art. 22, Brasil, 2000), considerando limites e órgão responsável pela administração. Estudos técnicos e socioeconômicos, bem como consulta pública, devem preceder a criação das UCs, de modo a possibilitar a identificação de sua localização, dimensão e limites mais adequados para a unidade.

Em relação à categoria Área de Proteção Ambiental (APA), o SNUC, em seu Art. 15, define como "área em geral extensa, com *certo grau de ocupação humana*,[3] dotada de atributos abióticos, bióticos, estéticos ou culturais especialmente importantes para a qualidade de vida e o bem-estar das populações", constituídas por terras públicas ou privadas, podendo ser estabelecidas normas e restrições para a utilização de uma propriedade privada localizada no interior dessa área, dispondo de um Conselho Gestor presidido pelo órgão responsável por sua administração e constituído por representantes de órgãos públicos, organizações da sociedade civil e população residente.

Isso implica a revisão das APAs já criadas, em âmbito nacional, uma vez que a referida lei não define o que significa *certo grau de ocupação humana*, o que, portanto, precisa ser especificado no decreto que a regulamenta. Essa referência ao grau de ocupação humana pode modificar significativamente o perímetro das APAs existentes em território nacional.

Finalmente, o SNUC, no Art. 55, faz referência às unidades de conservação e às áreas protegidas criadas com base em legislações anteriores e que não pertencem às categorias previstas na referida lei, as quais devem ser reavaliadas, com o objetivo de ajustar e definir sua nova destinação. Esse artigo foi regulamentado pelo Decreto nº 3.834, de 5/6/2001, que estabelece como órgão

---

3. Grifo nosso.

responsável por essa reavaliação o Ibama, o qual tem dois anos para realizar essa tarefa.

O Decreto nº 4.340, de 22 de agosto de 2002, regulamentou alguns artigos do SNUC, entre eles o Art. 22, que dispõe sobre a criação de unidades de conservação mediante ato do Poder Público.

O Art. 2º desse Decreto estabelece que o ato de criação de uma unidade de conservação deve indicar a denominação (baseada, preferencialmente, em sua mais significante característica ambiental), a categoria de manejo, os objetivos, a área da UC, bem como o órgão responsável por sua denominação.

O Decreto também regulamenta o processo de consulta pública de maneira a subsidiar a definição da localização, da dimensão e dos limites mais adequados. Esse é um dos pontos polêmicos do decreto regulamentador, notadamente em virtude da legitimidade do processo, de como vêm sendo realizadas as consultas públicas em âmbito nacional, muitas vezes de maneira inadequada, como, por exemplo, as feitas apenas pela rede mundial de computadores.

Além disso, os proprietários das Reservas Particulares do Patrimônio Natural (RPPNs) sentem seu direito de propriedade ameaçado, uma vez que o mencionado decreto não exclui essa categoria de unidade de conservação de uso sustentável (que depende da vontade expressa do proprietário em criá-la) da obrigatoriedade da consulta pública. No entendimento dos autores, as RPPNs estariam dispensadas dessa obrigatoriedade pelo fato de ela, potencialmente, ferir o direito de propriedade.

Em seu Art. 46, o legislador coloca nas mãos do Ministério do Meio Ambiente a tarefa de propor regulamentação de cada categoria de unidade de conservação, que deve ser objeto de regulamentação específica. Portanto, as 12 categorias previstas no SNUC continuam a depender do decreto de regulamentação.

O que se tem, atualmente, são vários fóruns de discussão em torno de cada categoria, a fim de subsidiar os órgãos executores na proposição da legislação (minuta de decreto regulamentar), nos quais são ouvidas as partes interessadas (notadamente a sociedade civil organizada). Os pontos discordantes, como, por exemplo, a consulta pública na criação de RPPNs, são discutidos nos fóruns específicos da categoria.

O plano de manejo foi regulamentado por meio do Art. 12 do Decreto nº 4.340/02, atribuindo ao órgão gestor ou ao proprietário (no caso específico das RPPNs) sua elaboração e submetendo-o à aprovação em portaria do órgão executor (com exceção de Reservas Extrativistas e Reservas de Desenvolvimento Sustentável, cujos planos são aprovados em resolução do conselho deliberativo).

A existência do Zoneamento Ecológico-Econômico (ZEE) municipal auxiliaria bastante a elaboração dos planos de manejo das diversas categorias de unidades de conservação, a criação e implementação de novas unidades de conservação, bem como a correção dos limites das UCs já existentes, uma vez que as informações ambientais necessárias às ações anteriormente mencionadas estariam disponibilizadas no ZEE.

O Ibama, órgão executor do SNUC, em sua respectiva esfera de atuação, encontra-se na fase de planejamento para publicação do Roteiro Metodológico Básico a fim de elaborar planos de manejo de cada categoria preconizada no SNUC. Essa ferramenta deverá ser um norte para que haja uniformidade de conceitos, assim como a definição de parâmetros para diagnóstico, zoneamento, programas de manejo, prazos de avaliação e de revisão e as fases de implementação.

Portanto, apesar de o decreto regulamentar, o quadro da situação atual das unidades de conservação não mudou muito; inclusive porque as categorias instituídas pelo SNUC não foram regulamentadas; fato que contribui, consideravelmente, para a diluição dos reais objetivos de criação de unidades de conservação, que são a proteção da biodiversidade e a manutenção da qualidade ambiental intra e intergeracional em escala têmporo-espacial.

Categorias de unidades de conservação no Brasil

A seguir são apresentadas as unidades de conservação existentes no Brasil contempladas no SNUC (Brasil, 2000).

As Estações Ecológicas (ESECs) foram instituídas por meio da Lei nº 6.902, de 27/4/1981, em seu Art. 1º, que as define como áreas representativas de ecossistemas brasileiros, destinadas à realização de pesquisas básicas e aplicadas de ecologia, à proteção do ambiente natural e ao desenvolvimento da educação conservacionista (Brasil, 1981b). Dessa área, 90% ou mais deve ser destinada à preservação da biota, na área restante, desde que haja zoneamento aprovado, pode ser autorizada a realização de pesquisas ecológicas, que devem levar em conta a necessidade de não colocar em perigo a sobrevivência das populações de espécies ali existentes. Podem ser criadas pelos três entes da Federação, sendo, em nível de União, administradas pelo Ibama. De acordo com o SNUC, Lei nº 9.985/00, são áreas de domínio público, cujos objetivos são a preservação da natureza e a pesquisa científica.

As Reservas Biológicas (REBIOs) foram estabelecidas pela Lei nº 4.771, de 15/9/1965, sendo tratadas mais especificamente na Lei nº 5.197 de 3/1/1967. São áreas onde as atividades de utilização, perseguição, caça, apanha ou introdução de espécimes de fauna e flora silvestres e domésticas, bem como modificações do meio ambiente, são proibidas, ressalvadas as atividades científicas devidamente aprovadas pela autoridade competente. Podem ser criadas pelos três entes da Federação, sendo, em âmbito federal, administradas pelo Ibama. O SNUC relata como objetivo dessa categoria a preservação integral da biota, sendo de domínio público.

Apesar de ser ponto de discussão na área jurídica, a Lei nº 6.938, de 31/8/81, registra em seu Art. 18: são transformadas em reservas ou estações ecológicas, sob a responsabilidade do Ibama, as florestas e demais formas de vegetação natural de preservação permanente relacionadas no Art. 2º do Código Florestal (Brasil, 1965), e os pousos das aves de arribação protegidos por convênios, acordos ou tratados assinados pelo Brasil com outras nações. O Decreto nº 89.336, de 31/1/1984, estabelece que são consideradas Reservas Ecológicas (RESECs) as Áreas de Preservação Permanente mencionadas no Art. 18 da Lei nº 6.938, bem como as que forem estabelecidas por ato do poder público. Podem ser públicas ou particulares, de acordo com a situação dominial. Salienta-se que não estão previstas na legislação que regulamenta as unidades de conservação, ou seja, a Lei nº 9.985/00, as seguintes unidades: Estação Biológica, Estação Florestal Experimental, Estação Experimental de Piscicultura, Reserva Estadual e Reserva Genética Florestal.

Os Parques Nacionais (PARNAs) estão previstos na Lei nº 4.771, de 15/9/1965 (Código Florestal), porém o regulamento dos PARNAs, aprovado por meio do Decreto nº 84.017, de 21/9/1979, definiu mais claramente esse tipo de UC: "para os efeitos deste regulamento, consideram-se Parques Nacionais as áreas geográficas extensas e delimitadas, dotadas de atributos naturais excepcionais, objeto de preservação permanente, submetidas à condição de inalienabilidade no seu todo". Destinam-se a fins científicos, educativos e recreativos, cabendo às autoridades, motivadas pelas razões de sua criação, preservá-los e mantê-los intocáveis. O objetivo principal dos PARNAs reside na preservação dos ecossistemas naturais englobados contra quaisquer alterações que os desvirtuem. O domínio é público.

As Áreas Tombadas estão previstas no Decreto-Lei nº 25, de 30/11/1937, que organiza a proteção do patrimônio histórico e artístico nacional, ou seja, os bens móveis e imóveis existentes no País e cuja conservação seja de interesse público, quer por sua vinculação a fatos memoráveis da história do Brasil, quer por seu excepcional valor arqueológico, etnográfico, bibliográfico ou artístico. Também estão sujeitos a tombamento os monumentos naturais, bem como os sítios e as paisagens que importem conservar e proteger pela feição notável com que tenham sido dotados pela natureza ou agenciados pela atividade humana. A autorização de pesquisa ou de lavra de jazidas deve passar por audiência prévia na Diretoria do Patrimônio Histórico e Artístico Nacional, sendo este responsável pelo cadastro dos monumentos arqueológicos do Brasil. A categoria Monumento Natural, de acordo com o SNUC, é de domínio público ou privado, desde que haja compatibilização dos usos com o objetivo da unidade, caso contrário, o Estado pode (e deve) desapropriar as terras.

O Refúgio de Vida Silvestre, categoria do grupo das Unidades de Proteção Integral, tem por objetivo proteger ambientes naturais onde se asseguram condições para existência ou reprodução de espécies ou comunidades da flora local e da fauna residente ou migratória. São criados sob domínio público ou privado, desde que haja compatibilização do uso aos objetivos da unidade.

Sob os cuidados do Ibama, as Reservas Extrativistas (RESEXs) compreendem regiões que oferecem recursos vegetais renováveis e que fazem parte da sobrevivência econômica de populações características de algumas regiões no Brasil. São mantidas intactas, permitindo a exploração extrativista. Às populações tradicionais é dada concessão de direito real de uso, pois seu domínio é público.

Definida pela Lei nº 6.902, de 27/4/1981, a Área de Proteção Ambiental (APA) tem por objetivo assegurar o bem-estar das populações humanas e conservar ou melhorar as condições ecológicas locais. O Art. 9º menciona que dentro dos princípios constitucionais que regem o direito de propriedade, o poder executivo estabelecerá normas. Bruck et al. (1995) alertam que as APAs são estabelecidas em áreas de domínio particular, sendo seu manejo disciplinado pelos princípios conservacionistas. As APAs podem ser estabelecidas em áreas de domínio público ou privado. Em geral, ocupam áreas extensas, podendo englobar áreas de diversos municípios, e devem conter certo grau de ocupação humana.

Surge no Decreto nº 88.351/83 a Área de Relevante Interesse Ecológico (ARIE), conceituada pelo Decreto nº 89.336, de 31/1/1984, como áreas que possuem características naturais extraordinárias ou abrigam exemplares raros da biota regional, exigindo cuidados especiais de proteção por parte do poder público. São preferencialmente declaradas quando têm extensão inferior a 5.000 hectares e há ali pequena ou nenhuma ocupação humana por ocasião do ato declaratório. As ARIEs podem ser adquiridas ou arrendadas, no todo ou em parte, pelo poder público, se isso assegurar proteção mais efetiva (Art. 8º). Portanto, são de domínio público ou privado, sendo impostas restrições de uso aos proprietários da terra.

As Florestas Nacionais (FLONAs), instituídas pela Lei nº 4.771/65, são áreas extensas que apresentam maciços florestais produtores de madeiras comerciáveis, dispõem de recursos hídricos, oferecem condições de manutenção da fauna autóctone, bem como oportunidades para lições de educação ambiental e lazer, além de poder ter sofrido alterações antrópicas. O objetivo, de acordo com o SNUC, é o uso múltiplo sustentável dos recursos florestais e a pesquisa científica, sendo de domínio público.

A Reserva de Fauna, categoria do grupo das Unidades de Uso Sustentável, é uma área natural com populações animais de espécies nativas, terrestres ou aquáticas, residentes ou migratórias, adequadas para estudos técnico-científicos sobre o manejo econômico sustentável dos recursos faunísticos; sendo nessas áreas proibida a caça amadora ou profissional. O domínio é público.

A Reserva de Desenvolvimento Sustentável (incluída no Projeto de Lei de 1992 como proposta do Nupaub/USP – Diegues, 1996) é uma área natural que abriga populações tradicionais, cuja existência se baseia em sistemas sustentáveis de exploração dos recursos naturais, desenvolvidos ao longo de gerações e adaptados às condições ecológicas locais, os quais desempenham papel fundamental na proteção da natureza e na manutenção da diversidade biológica. De acordo com o SNUC, o domínio é público, porém é dada concessão de direito real de uso às populações tradicionais.

A Reserva Particular do Patrimônio Natural (RPPN) vem propor e estabelecer normas a proprietários particulares que desejem ter áreas de suas propriedades preservadas como santuários de vida silvestre. Por meio do Decreto nº 98.914, de 31/1/1990, foi legalizado esse tipo de unidade de conservação, correspondente ao imóvel do domínio privado em que, no todo ou em parte, sejam identificadas condições naturais primitivas, semiprimitivas, recuperadas ou cujas características justifiquem ações de recuperação, por seu aspecto paisagístico ou para preservação do ciclo biológico de espécies da fauna ou da flora nativas do Brasil. De acordo com o SNUC, esses espaços são do grupo das Unidades de Uso Sustentável e o domínio é exclusivamente privado. Essas UCs devem ser gravadas em cartório com caráter de perpetuidade.

Há outros tipos de áreas protegidas, não contempladas no SNUC, que possuem amparo legal e integram o conjunto brasileiro de espaços territoriais especialmente protegidos. Entre eles podem-se citar as Áreas Especiais de Interesse Turístico e os Locais de Interesse Turístico, estabelecidos na Lei nº 6.513, de 20/12/1977. As Áreas Especiais de Interesse Turístico são trechos contínuos do território nacional, inclusive suas águas territoriais, a serem preservados e valorizados nos sentidos cultural e natural, destinados à realização de planos e projetos de desenvolvimento turístico. Os Locais de Interesse Turístico são trechos do território nacional, compreendidos ou não em áreas especiais, destinados, por sua adequação, ao desenvolvimento de atividades turísticas e à realização de projetos científicos que compreendam: os bens não sujeitos a regime específico de proteção e os respectivos entornos de proteção e ambientação. O Decreto nº 86.176, de 6/6/1981, regulamentou a criação desse tipo de área protegida. O SNUC não estabelece esses espaços como unidades de conservação.

A Área sob Proteção Especial (ASPE) é um tipo de área protegida que não é legalmente constituída, tendo sido denominada com a finalidade de evidenciar áreas em estado de alerta, já contempladas por outros instrumentos legais (Bruck et al., 1995).

As Cavernas efetivamente vieram a ser protegidas por meio do Decreto nº 99.556, de 1/10/1990, que dispõe sobre a proteção das cavidades naturais e subterrâneas existentes no território nacional. Entende-se como cavidade natural subterrânea todo e qualquer espaço subterrâneo penetrável pelo ser humano, com ou sem abertura identificada, popularmente conhecida como caverna, incluindo seu ambiente, conteúdo mineral e hídrico, a fauna e a flora ali encontrados e o corpo rochoso onde os mesmos se inserem, desde que sua formação tenha ocorrido por processos naturais, independentemente de suas dimensões ou do tipo de rocha encaixante. O SNUC é omisso quanto a essas áreas protegidas.

Não havendo maior conhecimento de seus ecossistemas, bem como de tecnologia para uso racional dos recursos, as Reservas Florestais são, em geral, áreas extensas de difícil acesso. Esse tipo de espaço protegido está embasado legalmente pelo Decreto nº 23.793, de 23/1/1934, não contemplado pelo SNUC.

A Lei nº 4.771/65 (Código Florestal) restringe a utilização das Florestas de Domínio Privado, havendo, conforme a região do País, obrigatoriedade de proteção de 20% a 50%. A Lei nº 7.803, de 18/7/1989, aperfeiçoou os instrumentos legais que possibilitam melhor atuação da fiscalização nesse tipo de espaço territorial protegido (Art. 16). Nas propriedades rurais com área entre 20 e 50 hectares são computados, para efeito de fixação do limite porcentual, além da cobertura florestal de qualquer natureza, os maciços de porte arbóreo, sejam frutíferos, ornamentais ou industriais (§ 1º). A reserva legal, entendida a área de no mínimo 20% de cada propriedade (com exceção da Amazônia Legal, cuja reserva legal é de 80%) em que não é permitido o corte raso, deve ser averbada à margem da inscrição de matrícula do imóvel, vedada a alteração de sua destinação (§ 2). Nas demais propriedades, a reserva legal é de no mínimo 50% da área (Art. 44).

Outro tipo de área protegida, não contemplada no SNUC, porém amparada legalmente em termos de conservação da natureza, é a *servidão ambiental*, que se assemelha às RPPNs, tendo por diferença primordial a escolha pelo proprietário de a área ser temporária ou permanentemente considerada área protegida. Outro ponto a favor é a possibilidade de essas áreas serem manejadas e administradas por organizações não-governamentais (ONGs), podendo inclusive captar recursos financeiros públicos ou privados para sua sustentação.

Classificação internacional das áreas protegidas brasileiras

A União Internacional para a Conservação da Natureza (IUCN) reconhece três classes de unidades de conservação (UCs), agrupadas nas seguintes categorias de manejo: uso indireto dos recursos, uso direto e reservas de destinação. Para melhor compreensão, o uso indireto dos recursos exprime a não ocupação do espaço considerado para fins de exploração direta; o uso direto dos recursos exprime a ocupação do espaço, considerado em sua plenitude racional, pelo ser humano; e a reserva de destinação implica manter o espaço considerado incólume, de maneira a ser definido, no futuro, seu uso racional (Bruck et al., 1995).

Segundo a IUCN, estão classificadas no grupo 1 as seguintes áreas protegidas: Parques, Estações Ecológicas, Reservas Ecológicas, Reservas Biológicas, Monumentos Naturais, Áreas Tombadas, Áreas e Locais de Especial Interesse Turístico, Cavernas, Santuários de Vida Silvestre, Áreas de Relevante Interesse Ecológico, Áreas sob Proteção Especial e Reservas Particulares do Patrimônio Natural. No grupo 2 estão: Áreas de Proteção Ambiental, Reservas Indígenas, Áreas de Recursos Manejados, Florestas Nacionais e Reservas Extrativistas. No grupo 3: Reservas Florestais e Florestas de Domínio Privado (MMA, 1997).

A classe das UCs de uso indireto dos recursos é dividida em quatro categorias, a saber:

Categoria I: *Reserva Científica,* cujos objetivos são proteger a natureza e manter os processos naturais em um estado não alterado, a fim de ter exemplos ecologicamente representativos de um ambiente natural disponível para estudos científicos, monitoria ambiental, educação e manutenção dos recursos genéticos em um estado dinâmico e evolutivo. Nessa categoria estão as Estações Ecológicas (ESECs); as Reservas Biológicas (REBIOs) e as Reservas Ecológicas (RESECs).

Categoria II: *Parque,* cujos objetivos estão dirigidos à proteção de áreas naturais e cênicas de significado nacional ou internacional para uso científico e recreacional. Essas áreas devem perpetuar, em estado natural, mostras representativas de regiões fisiográficas, comunidades bióticas, recursos genéticos e espécies em perigo de extinção, a fim de prover estabilidade e diversidade ecológica. São os Parques Nacionais (PARNAs) e, ainda, os Parques Estaduais e Municipais, os Parques Florestais, os Bosques Municipais e os Parques

Ecológicos (não há legislação federal brasileira que ampare a criação desses três últimos).

Categoria III: *Monumento Natural,* cujos objetivos são proteger e preservar ambientes naturais, em razão de seu especial interesse ou características ímpares como quedas d'água espetaculares, cavernas etc., além de possibilitar oportunidades para interpretação, educação, investigação e turismo. Nessa categoria encontram-se as Áreas Tombadas, as Áreas Especiais de Interesse Turístico, os Locais de Interesse Turístico e as Cavernas.

Categoria IV: *Santuário de Vida Silvestre,* pela necessidade de proteção de populações, sítios de alimentação e reprodução, habitats críticos e de espécies de flora ou fauna raras ou em perigo de extinção. São as Reservas Particulares do Patrimônio Natural (RPPNs), as Áreas de Relevante Interesse Ecológico (ARIEs) e as Áreas sob Proteção Especial (ASPEs).

A classe das UCs de uso direto dos recursos apresenta as três categorias a seguir:

Categoria V: *Paisagem Protegida,* com objetivo de manter as paisagens significativas que são características de uma harmoniosa interação entre o ser humano e a terra, possibilitando, ao mesmo tempo, oportunidades para recreação e turismo, dentro do estilo de vida e da atividade econômica normais dessas áreas. Nessa categoria estão inseridas as Áreas de Proteção Ambiental (APAs).

Categoria VII: *Reserva Indígena,* cujo objetivo é permitir formas de vida de sociedades que se desenvolvem em harmonia com o ambiente e de maneira que este continue inalterado para a tecnologia moderna. A proteção nesse tipo de categoria está diretamente relacionada ao espaço legalmente ocupado pelos índios brasileiros.

Categoria VIII: *Áreas de Recursos Manejados,* cujos objetivos são de administrar elementos para a produção sustentada da água, madeira, vida silvestre, pastos e recreação ao ar livre e, ao mesmo tempo, prover elementos para satisfazer as necessidades econômicas, sociais e culturais em amplos períodos. Estão inseridas nessa categoria as Florestas Nacionais (FLONAs) e as Reservas Extrativistas (RESEXs).

A **Categoria VI** representa a *Reserva de Destinação,* cujo objetivo é restringir o uso de áreas terrestres e aquáticas até que sejam completados os estudos adequados que mostrem qual o melhor uso dos recursos remanescentes. Ou seja, objetiva-se impedir ou refrear as atividades de desenvolvimento que poderiam afetar recursos que estão sujeitos ao estabelecimento de objetivos mais definidos, os quais terão por base o conhecimento e a planificação apropriada. Nessa categoria estão as Reservas Florestais e as Florestas de Domínio Privado.

Reserva Particular do Patrimônio Natural

Caráter Voluntário na Concepção da Área Protegida e Mecanismo de Instituição Individual

Pelo fato de as RPPNs serem concebidas em terras sob domínio essencialmente privado, os proprietários das terras devem "sentir" vontade de proteger os recursos ambientais de sua propriedade. Isso remete ao direito de propriedade, que se constitui numa das bases do sistema socioeconômico do Estado.

A propriedade é composta de posse e domínio, que é o direito que alguém tem de usar, gozar e dispor de algo, bem como reivindicá-lo das mãos de quem injustamente o possua. O respeito ao direito de propriedade implica a manutenção da propriedade privada da terra e da jurisdição original sobre ela, assim como esforços para que se compatibilizem as ações dos agentes econômicos com os interesses da sociedade, no caso específico, do direito difuso em relação ao meio ambiente.

Cabe ressaltar que os conflitos em relação ao uso do solo são gerados a partir das restrições impostas pelo Poder Público e, também, quando são estabelecidos espaços territoriais protegidos de caráter preservacionista, em razão do fato de os indivíduos buscarem adquirir os valores naturais para seu próprio benefício. Hardin (1968) relata os conflitos decorrentes dos interesses individuais em relação ao uso do solo, chamando de tragédia dos comuns, cuja teoria focaliza a superexploração dos recursos comuns pelos proprietários, no sentido de maximizar seus ganhos atuando individualmente.

Não há, de maneira geral, no pensamento dos proprietários de terra, notadamente em razão do viés essencialmente capitalista do modo de produção, a crença de que os recursos naturais não são de sua *exclusiva* propriedade, de que a natureza empresta serviços e funções para todos os habitantes, independente da titularidade da propriedade de terra. Isso ocasiona experiências positivas e negativas, em virtude das implicações da atuação das políticas públicas concernentes ao meio ambiente.

A submissão do interesse particular ao interesse público e à função social da propriedade é descumprida quando se rompe o equilíbrio ecológico ou quando se agride a natureza. Ou seja, a propriedade privada não é legítima se não estiver submissa ao interesse público e não for respeitado em seu uso o equilíbrio ecológico. O grande problema é que, se isso existe em termos jurídicos, muitas vezes é negado no cotidiano das administrações públicas, cujos governos submetem o próprio Estado e os interesses públicos aos interesses privados (Marés, 1993).

Os interesses econômicos da propriedade privada, muitas vezes, não dialogam pacificamente com o interesse ambiental de proteção dos recursos, necessitando, portanto, de um interlocutor, no caso administrativo, para o gerenciamento e a gestão dos conflitos. Dessa maneira, pode-se deduzir que o conflito básico na concepção de áreas protegidas de caráter essencialmente voluntário está estabelecido entre quem ganha o que, onde e quando em relação aos recursos ambientais.

Nesse contexto, pesquisadores, como Santilli & Ramos (1996) e Wiedmann (1997), alertam para o uso inadequado do instrumento RPPN como moeda de troca para privilegiar financiamentos, bem como beneficiar grandes proprietários de terras que querem proteção ambiental (jurídica) para se livrar de possível desapropriação em favor do Movimento dos Sem Terra (MST).

Cabe ressaltar que as Reservas Particulares do Patrimônio Natural foram criadas por meio do Decreto Federal n⁰ 98.914, de 30/1/1990, atualizado pelo Decreto n⁰ 1.922, de 5/6/1996, com o objetivo de proteger os recursos ambientais representativos de determinada região, localizados em áreas particulares onde são permitidas apenas atividades de cunho científico, cultural, educacional, recreativo e de lazer. A RPPN é o imóvel do domínio privado em que, no todo ou em parte, sejam identificadas condições naturais primitivas, semiprimitivas, recuperadas ou cujas características justifiquem ações de recuperação, pelo seu aspecto paisagístico ou para preservação do ciclo biológico de espécies da fauna ou da flora do Brasil.

A figura da RPPN veio regulamentar o Art. 6⁰ do Código Florestal, Lei n⁰ 4.771/65, que diz: "O proprietário de floresta não preservada, nos termos desta Lei, poderá gravá-la com perpetuidade, desde que verificada a existência de interesse público pela autoridade florestal".

Dessa maneira, algumas considerações sobre as áreas protegidas instituídas pelo Código Florestal são necessárias. O Código Florestal (Lei n⁰ 4.771, de 15/9/1965, modificada pelas Leis n⁰ 6.535, de 15/6/1978, e n⁰ 7.803, de 18/7/1989) instituiu as Áreas de Preservação Permanente (APPs) e as Áreas de Reserva Legal (ARLs), que fazem parte do conjunto de espaços territoriais especialmente protegidos no Brasil, na acepção do Art. 225, da Constituição Federal, e do Art. 9⁰ da Lei n⁰ 6.938/81.

No que concerne à dominialidade, as APPs podem estar em domínio público ou privado, sendo, neste último caso, limitado o direito de propriedade, pela restrição de seu exercício (Cabral & Souza, 2001; Cabral et al., 2002).

Quanto à limitação de uso, nas ARLs é proibido o corte raso da vegetação e é permitida toda utilização que não implique corte raso e que respeite outras condições legais existentes. Nas APPs é vetado qualquer tipo de uso (com exceções previstas na norma legal para casos específicos). Dessa maneira, pode-se dizer que as ARLs teriam por objetivo a conservação da natureza, ou seja, o uso sustentável dos recursos naturais, enquanto as APPs teriam a função de preservação (ou uso indireto).

Para Machado (1998), é admissível a coexistência de ARLs com Reservas Extrativistas. Além disso, o proprietário pode, por meio de manifestação expressa de sua vontade, estabelecer sua reserva legal como Reserva Particular do Patrimônio Natural, o que lhe confere *status* de unidade de conservação.

Os autores desta obra entendem que é possível a existência de RPPNs dentro dos limites de Áreas de Proteção Ambiental, em razão da percepção de que as RPPNs têm caráter mais restritivo em relação aos usos dos recursos ambientais. Portanto, a convivência entre ambas é perfeita, levando-se em consideração os objetivos da categoria APA, visto que o estabelecimento de reservas particulares no interior de APAs não fere a finalidade das últimas em seu caráter de proteção ambiental.

Área de Proteção Ambiental

Essa é uma das categorias de unidade de conservação existente no conjunto brasileiro de áreas protegidas. Inseridas no grupo de Uso Sustentável, por meio da Lei nº 9.985/00, as APAs são espaços que permitem o uso direto dos recursos naturais e a dominialidade pode ser pública ou privada, tendendo a ocorrer nesta última situação.

Segundo Alvarenga (1997), a análise da legislação referente às APAs (Lei nº 6.902/81, Lei nº 6.938/81 e regulamentações, resoluções Conama nº 10/88 e nº 13/90) permite depreender que elas são unidades de conservação que possibilitam a utilização econômica de determinados espaços públicos ou privados – com maior tendência a ocorrer nestes últimos –, considerados pelo Estado passíveis de conservação, por intermédio da imposição de limitações ao direito de propriedade, por meio de um conjunto de normas gerais definidas pela legislação federal e de um conjunto de normas específicas a serem estabelecidas pela legislação de criação de cada unidade. A partir dos instrumentos legais anteriormente mencionados, a APA é considerada instrumento da Política Nacional do Meio Ambiente.

Côrte (1997) afirma que o instrumento APA tem sido usado, no território nacional, em caráter de correção e contenção da degradação ambiental. Admite que o fato de transformar uma área em APA não é suficiente para controlar o processo de degradação iniciado, necessitando exercer sobre esse espaço um conjunto de ações de planejamento e gestão ambiental.

A criação de uma Área de Proteção Ambiental pressupõe a identificação de atributos ou fatores ambientais que apresentam graus de fragilidade ou, em outras palavras, que apresentam demanda por proteger. Cada APA é regida, individualmente, por seu decreto de criação e, posteriormente, de regulamentação, no qual são estabelecidas normas administrativas.

Alguns pesquisadores, como Côrte (1997), acreditam que a dificuldade de gestão pode estar relacionada à maneira pela qual são elaborados os decretos de criação, ora pouco específicos, que permanecem com objetivos gerais, ora muito restritivos, que impedem a própria identidade desse tipo de unidade de conservação.

Dessa maneira, a elaboração do decreto de criação de uma Área de Proteção Ambiental se configura em um elemento importante, na medida em que este é o primeiro instrumento normativo a ser usado na gestão da área.

A relativa facilidade de criação dessa categoria de unidade de conservação, que prescinde de expropriação, realizada, muitas vezes, desvinculada dos propósitos de conservação, bem como a maneira que vem sendo administrada, fazem com que a APA perca sua identidade real, dando margem ao pensamento equivocado em relação a seu papel, tornando-se um instrumento desacreditado.

No entanto, a categoria APA constitui um instrumento da política ambiental interessante do ponto de vista socioeconômico, por caracterizar-se como área de desenvolvimento sustentável, na qual as atividades humanas devem ser exercidas com responsabilidade, no sentido de permitir a integridade e a manutenção da qualidade ambiental do referido espaço, em dimensão intra e intergeracional.

O grande trunfo dessa categoria é considerar o desenvolvimento de determinada área aliado à conservação dos recursos ambientais existentes, em consonância com sua capacidade de suporte.

No Brasil, a categoria Área de Proteção Ambiental (APA) é singular, não existindo no mundo qualquer tipo ou categoria que se iguale aos objetivos de criação de uma APA. Levando-se em consideração que esta é uma unidade de uso sustentável (conservação), pode ser instituída em terras públicas ou privadas (geralmente há coexistência de ambas), criada pelo poder público (considerada a comunidade local, ou seja, com participação da sociedade civil), manejada pelos proprietários desde que obedeçam a medidas restritivas impostas pelo poder público no sentido de garantir a conservação dos atributos que motivam sua criação e, ainda, gerenciada por meio de Conselho Gestor que pode (e deve) funcionar como um fórum de debates no qual os conflitos sejam equacionados.

O professor Paulo Nogueira Neto, em plenária do Encontro de Biologia da Região Sudeste, em 1999, relatou que as Áreas de Proteção Ambiental brasileiras foram inspiradas nos parques franceses e portugueses, informação confirmada por Moraes (2001). No entanto, há diferenças entre essas unidades de conservação.

Gestão ambiental em Áreas de Proteção Ambiental

As APAs têm por objetivo (Brasil, 2000) disciplinar o processo de ocupação, proteger a diversidade biológica e assegurar o uso sustentável dos recursos naturais, observando a manutenção da qualidade dos atributos ambientais que ensejam sua criação e procurando disciplinar a ação dos agentes econômicos em locais onde estão envolvidos recursos ambientais importantes, de propriedade comum ou não. Constituem instrumento institucional que aponta para a necessidade de reduzir as externalidades negativas que comprometem a eficiência econômica e o bem-estar da sociedade, sem que para isso seja necessária a transferência integral dos direitos de propriedade para o Estado. Como conseqüência direta da restrição ao uso e à ocupação do solo, são palco de conflitos no que diz respeito a sua gestão ambiental.

Por permitirem atividades econômicas em seu interior, deve-se incentivar comportamentos de conservação dos recursos pelos proprietários das terras em Áreas de Proteção Ambiental, sejam estes públicos ou privados.

Uphoff & Langholz (1998) comentam três tipos de motivação que os proprietários têm em relação aos usos do solo: a) o entendimento de que uma atividade legal é mais provável de ocorrer do que uma ilegal; b) uma atividade lucrativa é mais provável de ocorrer do que uma não lucrativa; e c) uma atividade aprovada pela comunidade envolvida no processo é mais provável de ocorrer do que uma não aprovada, ou seja, uma atividade não aceita de acordo com as normas sociais e culturais prevalecentes.

A primeira motivação está relacionada às restrições, por meio de regulamentações e legislações, oriundas da política e de outras formas institucionais. A atividade ilegal é coibida. A segunda motivação deriva do poder econômico, em que as pessoas comparam os benefícios materiais recebidos pela exploração de um recurso aos custos de realizá-lo. A motivação econômica é regida pela lei de mercado, em que determinados comportamentos são desencorajados em razão da não lucratividade. A terceira motivação desenvolve-se com a percepção da comunidade envolvida, a qual reflete normas e valores sociais que comumente são expressos por instituições informais.

O desafio é balancear os interesses individuais nesse tipo de espaço protegido, como forma de possibilitar a proteção dos ecossistemas. Para que isso ocorra, a atenção deve estar voltada à gestão desses interesses e das atividades, de maneira que os proprietários, impulsionados por motivações individuais, optem pelo comportamento de conservação de recursos.

Dearden et al. (1998) acreditam que, quando são criadas unidades de conservação, há conflitos pelo fato de os indivíduos buscarem adquirir os valores dos recursos naturais para seu próprio benefício. Os autores salientam que esse é um conflito básico entre quem ganha o quê, onde e quando em relação aos recursos ambientais.

Dessa maneira, a Gestão Ambiental (GA) tem importante papel no arcabouço das Áreas de Proteção Ambiental, uma vez que está relacionada ao gerenciamento de todas as atividades humanas que tenham impacto significativo sobre o meio ambiente. Segundo Souza (2000), a abordagem sistêmica do meio ambiente, por meio da gestão ambiental, propicia uma aplicação mais próxima da realidade, pois cria canais de comunicação nos quais os fatores ambientais são identificados, analisados, ponderados e administrados, observando inúmeras áreas do conhecimento, permitindo, assim, a compreensão global dos problemas e também a aplicação de soluções ambientalmente mais adequadas.

Assim, a gestão ambiental não é pacífica, ou seja, incita discussões e conflitos a partir do momento em que ela se defronta com o desafio crucial de integrar os diversos interesses e inserir a dimensão ambiental em processos decisórios privados e em políticas governamentais.

Como decorrência, um Sistema de Gestão Ambiental (SGA) para APAs deve, ao menos, ser capaz de identificar os aspectos ambientais relacionados às atividades antrópicas e a seus respectivos impactos, a fim de evitá-los ou controlá-los, também deve implementar mecanismos de controle ambiental de atividades, produtos, serviços e impactos ao meio ambiente, bem como melhorar os procedimentos adotados considerando as disposições legais vigentes. Em APAs, o funcionamento efetivo de um SGA – e os resultados dele esperados – é resultado de um processo de negociação conduzido pelo Conselho Gestor (CG).

A gestão ambiental local supõe a existência de recursos humanos na área de planejamento que possam aprimorar as ações de controle e melhoria ambiental. A carência de pessoal qualificado constitui um problema para a efetiva ação ambiental em UCs. Portanto, é um fator que dificulta a tomada de decisão no processo de gerenciamento.

Os instrumentos da PNMA oferecem ao gestor a possibilidade de estabelecer limites à ação degradadora dos agentes, sejam eles públicos ou privados.

Souza (2000) comenta que o quadro geral dos instrumentos da Política Ambiental brasileira apresenta duas formas de concepção: os instrumentos de ação e os de apoio. Os de ação correspondem aos que têm ação pró-ativa, ou seja, atuam de modo preventivo e com possibilidade de participação dos atores interessados no processo. Os de apoio apresentam caráter mais reativo, na medida em que atuam na recuperação de danos ou como elementos essenciais para a consecução dos instrumentos de ação e precisam ser acionados para entrarem em cena. Exemplos dos instrumentos de ação são: a avaliação de impactos ambientais, o licenciamento de atividades e a criação de espaços especialmente protegidos. Quanto aos instrumentos de apoio ou reativos, são exemplos: o estabelecimento de padrões, o zoneamento ambiental, o sistema de informações, o cadastro técnico de atividades e o relatório de qualidade ambiental. Cabe observar que os instrumentos de ação não apresentam viabilidade operacional sem a implementação de alguns dos instrumentos de apoio ou reativos.

Para Bezerra & Bursztyn (2000), os instrumentos da PNMA, listados de acordo com sua natureza e aplicabilidade, servem a distintos propósitos da gestão ambiental:

- O sistema de licenciamento de atividades poluidoras, o estabelecimento de padrões de qualidade ambiental, o zoneamento ambiental e a avaliação de impacto ambiental têm caráter preventivo, destinam-se à execução dos objetivos da PNMA, em especial o de acompanhar o desenvolvimento econômico e social, com a proteção da qualidade do meio ambiente, e o de promover o uso racional dos recursos naturais.

- A criação dos espaços territoriais especialmente protegidos é um dos instrumentos de natureza estratégica, visando proteger frações representativas dos ecossistemas, cenários de beleza cênica e monumentos naturais, estoque de recursos (florestais e hídricos) e biodiversidade para atuais e futuras gerações.

- O cadastro técnico federal de atividades de defesa ambiental, a instituição do relatório de qualidade do meio ambiente (RQMA) e o cadastro técnico federal de atividades potencialmente poluidoras e/ou utilizadoras dos recursos ambientais são instrumentos que, por sua natureza documental, integram um sistema de informações – o Sinima.

- As sanções disciplinares ou compensatórias aplicáveis ao não cumprimento das medidas necessárias à preservação ou à correção da degradação ambiental, juntamente com a fiscalização (ausente do rol de instrumentos), compõem um grupo de procedimentos administrativos de cunho repressor e punitivo.

- Os incentivos à produção e à instalação de equipamentos e à criação ou absorção de tecnologias para melhoria de qualidade ambiental são instrumentos legais de aplicabilidade limitada, ainda que sua natureza lhes confira condições de aplicabilidades múltiplas e dinâmicas.

Utilizar esses instrumentos em espaços territoriais muito vastos, recortados por um grande número de agentes, como costumam ser as APAs, pode ser muito difícil, em razão do custo de monitoramento das ações individuais, geralmente não considerado em proposições de GA, pois assume-se que o monitoramento seja realizado pelo Estado.

Além das APAs costumarem ocupar espaços territoriais vastos, muitas vezes extrapolando limites administrativos municipais, aliado ao fato de permitirem o desenvolvimento de atividades econômicas – em geral privadas – em seu interior, as quais costumam ir *de* encontro aos interesses de conservação dos atributos ambientais, especialmente em economias capitalistas, dificulta bastante seu gerenciamento. Os agentes privados sentem que seu legítimo direito de propriedade pode ser apropriado quando se deparam com determinadas restrições de uso e ocupação do solo impostas nessas UCs. Essa constatação também é verificada em áreas protegidas de outros países (Vandergeest, 1996, 1999).

Nessas situações, a implementação de soluções que conduzem a práticas econômicas ambientalmente adequadas não pode produzir resultados satisfatórios se não abrangerem a maioria (ou um número significativo) dos agentes presentes. Esse envolvimento, por sua vez, resultaria de uma percepção de "ganho", por parte do agente, que precisa ser traduzida em oportunidades concretas.

Na criação das APAs está prevista a existência de um órgão administrativo, o Conselho Gestor, que seria o responsável pela tomada de decisões em relação à área. O CG é, na verdade, um espaço de negociação – no sentido positivo do termo – entre os diversos interesses presentes. Não há garantias seguras de que as decisões tomadas no âmbito do CG sejam implementadas pelos proprietários presentes na área. Cresce, assim, a importância do espaço de negociação, do envolvimento e do convencimento, ações que só podem ser conduzidas de maneira satisfatória por um agente que tenha, a priori, representatividade, legitimidade e certo poder de coerção perante os envolvidos.

Esse agente, necessariamente, é o Estado, por intermédio de seus respectivos órgãos ambientais, pelas seguintes razões: não representa (ou não deveria representar) o interesse particular na área; é representante legal do interesse público; está calçado pela legislação para agir como condutor do processo, já que somente ele pode criar APAs; e possui estrutura administrativa capaz de executar monitoramentos e aplicar punições.

Milaré (1999) adverte que os municípios têm em suas mãos um instrumento ideal para a gestão ambiental, em âmbito local, que é a disciplina do uso do solo, abrangendo todas as atividades exercidas no espaço urbano, incluindo itens de preservação ambiental. Em relação a isso, a Constituição Federal (Art. 30º, VIII) destaca como competência privativa dos municípios promover, no que couber, adequado ordenamento territorial mediante planejamento e controle do parcelamento, da ocupação e do uso do solo urbano (incluindo o zoneamento ambiental, com a previsão de todos os recursos ambientais e culturais integrantes do território municipal, para fins de preservação, segundo interesse de todos) (Brasil, 1988).

Nesse sentido, atendendo aos requisitos constitucionais, à unidade administrativa municipal cabe a tarefa de legislar suplementarmente sobre matérias relacionadas aos recursos ambientais e culturais de qualquer natureza, diante de atividades ou condutas comprometedoras da qualidade ambiental local (Custódio, 1996). Isso cria um dificultador adicional à gestão de APAs, visto que muitas delas possuem perímetros que ultrapassam os limites de um único município e, ao mesmo tempo, incorporam parte dos municípios, trazendo diferenciações nas abordagens em um mesmo município.

No caso da APA, sua eficácia na promoção de preservação ambiental e bem-estar das populações envolvidas deve sempre atender à condição de sustentabilidade, considerando a possibilidade de rígidas restrições de uso e ocupação, motivadas pela identificação de locais que apresentam fragilidade ambiental, e a efetiva proteção dos mesmos.

Em relação aos instrumentos de controle de uso e ocupação do solo, a desapropriação tem sido o mecanismo mais indicado pelo Sistema Nacional de Unidades de Conservação da Natureza (Brasil, 2000) para compatibilizar a proteção ambiental com a ocupação, especialmente a privada, de determinada área. Todavia, no contexto das APAs, que normalmente abrangem porções territoriais extensas (que ultrapassam limites administrativos municipais), em geral densamente ocupadas, pode-se abandonar a idéia da desapropriação, que muitas vezes gera conflitos, principalmente porque os proprietários, geralmente, não se sentem satisfeitos com a compensação pecuniária advinda da expropriação. As limitações administrativas impostas ao direito de propriedade, pelo órgão municipal, estadual ou federal competente, seriam em princípio a melhor forma de compatibilizar o interesse preservacionista com o uso da propriedade.

Destaca-se a importância da implantação efetiva das APAs como instrumento adequado ao disciplinamento do processo de ocupação do solo, como maneira de assegurar o uso sustentável dos recursos naturais, tendo em vista que o sistema de limitações administrativas possibilita a restrição ao uso da propriedade, cabendo à unidade administrativa municipal a tarefa de conduzir e conciliar os interesses de proteção ambiental e as atividades desenvolvidas no âmbito socioeconômico.

A definição precisa de quais seriam os objetos de preservação que dão origem à APA, bem como dos limites geográficos de sua configuração, facilitariam muito o esforço de coordenação, na medida em que reduziria a insegurança do agente privado em relação ao que ele poderia ou não fazer. Além disso, se houvessem planos de investimento que procurassem transformar a restrição ambiental em um mecanismo de agregar valor à produção local, isso poderia se constituir em forte incentivo para o agente privado. Obviamente, isso nem sempre seria possível e a alternativa deveria ser analisada caso a caso. Nesse contexto, uma discussão mais profunda sobre o estabelecimento dos limites (ou perímetro) da categoria Área de Proteção Ambiental é de extrema relevância.

A questão da propriedade é central quando se fala em proteção ambiental, especialmente quando se trata de grandes áreas, uma vez que se pretende estabelecer a proteção de espaços que possuem um proprietário legal, seja ele um agente público ou privado. As APAs, sendo um diploma legal, fazem parte do ambiente institucional dentro do qual os agentes desenvolvem suas ações e procuram manter seus direitos. O direito do proprietário confere algumas possibilidades de utilização do bem que lhe pertence. Todavia, a partir do momento em que um diploma legal estabelece restrições ao exercício desse direito, restrições estas igualmente legítimas, um conflito está estabelecido.

Nesse contexto, cresce a importância do Conselho Gestor da APA como local (ou fórum) de debates em que os conflitos sejam equacionados. Entretanto, sem a efetiva participação da sociedade em todo o processo, bem como o apoio e a presença decisiva de órgãos da administração direta, é difícil imaginar que tais conselhos consigam dar conta dos enormes desafios presentes na gestão ambiental de Áreas de Proteção Ambiental.

Critérios de delimitação de áreas protegidas em âmbito nacional

O conjunto de unidades de conservação no Brasil, segundo Milano (1999), constitui-se em um "sistema" não adequadamente representativo e significativo perante a diversidade de objetivos de conservação a ele atribuída, isso é fruto do processo de colonização ou ocupação territorial, bem como do processo da política de conservação dos recursos naturais no País.

Segundo o referido autor, parte significativa das unidades de conservação federais foi criada sem critérios definidos. Brito (1995, 2000) utiliza o termo "casuístico" para referendar o processo de planejamento na instituição de áreas protegidas. Morsello (1999) comunga com as idéias de Brito (1995), uma vez que as áreas eram criadas cada qual com uma motivação diferente.

Bezerra & Bursztyn (2000) relatam que o processo de criação da maioria das áreas protegidas foi desenvolvido no âmbito técnico, sem a participação de todos os atores envolvidos, criando inúmeros conflitos socioambientais, como os conflitos de propriedade.

Pádua (1999) relata, com precisão, que as unidades de conservação criadas de 1937 até meados da década de 70 não foram feitas por meio de critérios técnicos e científicos e, muito menos, com a idéia de sistema. Mesmo sem o rigor necessário de critérios de delimitação, segundo a autora, a motivação de sua criação seria a beleza cênica, como o caso do Parque Nacional do Iguaçu, ou puro oportunismo político, como o Parque Nacional da Amazônia. Ressalta que o fato de as áreas não serem selecionadas por critérios científicos não desmerece os brasileiros que se esforçaram para o estabelecimento de muitas dessas áreas.

Segundo autores como Diegues (1994), Milano (1999) e Pádua (1999), a partir de 1976 a elaboração do documento "Uma análise de prioridades em conservação da natureza na Amazônia" norteou a seleção de novas unidades de conservação. Utilizaram-se, como metodologia, informações compiladas de uma variedade de fontes, relativas a regiões fitogeográficas, áreas sob alguma proteção legal, unidades de conservação planejadas, formações vegetais e refúgios do Pleistoceno, com base em aves, lagartos, plantas e borboletas.

A prioridade de seleção foi determinada pelos refúgios do Pleistoceno, indicados por Prance (1976), que são áreas consideradas possuidoras de alto grau de endemismo, em razão dos longos períodos de isolamento durante eras frias e secas, aos quais as espécies de plantas e animais estiveram sujeitos, quando a Amazônia, por exemplo, ainda não era completamente florestada (Pádua & Quintão, 1982).

A partir desse estudo de 1976, começou a ser elaborado o Plano do Sistema de Unidades de Conservação, subdividido em duas etapas, a primeira em 1979 e a segunda em 1982 (IBDF, 1982).

A primeira etapa propôs, concretamente, 13 áreas, das quais 9 foram oficialmente criadas. Na segunda etapa, das 18 áreas propostas, apenas 4 foram criadas por decreto. Dessa maneira, no início da década de 80, em âmbito nacional, atingiu-se um total de 8.820.000 hectares de Parques Nacionais e 2.360.000 hectares de Reservas Biológicas (Pádua, 1999).

Drummond (1988) comenta que, infelizmente, o Plano do Sistema Nacional de Unidades de Conservação foi abandonado logo após a renúncia da diretora do departamento de parques, Maria Teresa Jorge de Pádua, em 1982, entrando em uma fase de marasmo, até a criação do Ibama, em 1989, que concentrou as atividades realizadas pelo Instituto Brasileiro de Desenvolvimento Florestal (IBDF) e pela Secretaria Especial do Meio Ambiente (SEMA) para política ambiental e, também, para as unidades de conservação.

Em 1989, o Ibama juntamente com a ONG Funatura (Fundação Pró-Natureza) elaboraram uma proposta de Sistema Nacional de Unidades de Conservação, não contemplando nenhuma proposta metodológica quanto à seleção de novas unidades. Essa proposta foi levada ao Congresso Nacional em 1992 (Projeto de Lei nº 2.892/92). Após oito anos foi aprovada a Lei nº 9.985/00, que instituiu o Sistema Nacional de Unidades de Conservação da Natureza (SNUC).

Morsello (1999) afirma inexistir, a partir da segunda etapa do Plano do Sistema de Unidades de Conservação, um planejamento da instituição de UCs, indicando que ocorre a perpetuação do processo casuístico na concepção das áreas protegidas.

Em 1999, foi realizado um encontro no Espírito Santo no qual foram discutidos temas relacionados ao planejamento de Unidades de Conservação. Nessa época, o Projeto de Lei nº 2.892/92 ainda tramitava no Congresso, sendo um dos assuntos levantados nesse fórum a necessidade de aprovação do SNUC.

Em novembro de 2000, quatro meses após a aprovação do SNUC, realizou-se o II Congresso Brasileiro de Unidades de Conservação, o qual reuniu atores envolvidos nas diversas categorias de UCs. Desse congresso, pode-se depreender que, apesar do ganho substancial em termos de política ambiental, advindo da institucionalização do SNUC, ainda há muito a ser feito. Vários pesquisadores se pronunciaram, em plenária, amplamente favoráveis à criação de UCs de proteção integral em detrimento das categorias de uso sustentável, principalmente da categoria Área de Proteção Ambiental (APA).

Essa maneira de pensar (contrária à criação de áreas de uso direto dos recursos naturais) vai *de* encontro às premissas do desenvolvimento sustentável. Na realidade, faltam critérios de delimitação dos diferentes tipos de UCs e de sua distribuição geográfica espacial, de modo a possibilitar a proteção da diversidade dos ecossistemas.

Em novembro de 2001, realizou-se, em Pelotas, o I Simpósio de Áreas Protegidas. Nesse evento foram discutidas, por alguns debatedores, metodologias para seleção de áreas prioritárias à conservação. Müller et al. (2001) se posicionaram favoráveis aos critérios em função das circunstâncias locais e das populações humanas, indicando que o desenho dessas áreas deve representar viabilidade ambiental.

Pires (2001), no mesmo evento, salientou a necessidade de criação de muito mais áreas protegidas do que as que existem atualmente, se o desejo for caminhar para o desenvolvimento sustentável, ressaltando, ainda, a necessidade de rever os conceitos acerca da importância e do modo de utilização e planejamento das unidades de conservação.

Portanto, pode-se afirmar que o Brasil não possui sistematização na criação de áreas protegidas, incorporando na realidade cotidiana dos planejadores a união da vontade de fazer "bem-feito" às experiências estrangeiras. No entanto, há o desejo de reverter esse quadro, uma vez que nos fóruns de debates, nos últimos anos, pesquisadores têm se manifestado favoráveis a uma abordagem ecossistêmica no planejamento de áreas protegidas, entre eles Pires (2001) e Mähler Júnior & Castro (2001).

Capítulo 3

Condicionantes para o estabelecimento de limites geográficos de unidades de conservação

O presente capítulo analisa, conceitualmente, a influência de fatores ou atributos ambientais no estabelecimento de limites e no perímetro de espaços territoriais protegidos, de modo a contribuir para a discussão de planejamento e gestão de unidades de conservação, bem como no interesse e na prioridade de conservação dos recursos naturais.

Unidade de planejamento

Quando se intenciona estabelecer limites geográficos a uma unidade de conservação, a seleção das áreas está intimamente relacionada aos objetivos de proteção do tipo ou categoria de UC que se propõe criar. Não há, portanto, um procedimento-padrão que deva ser seguido diante da necessidade de criação de uma unidade de conservação. Nem uma unidade ideal de planejamento, mesmo porque, dependendo do objetivo de proteção da unidade de conservação, esta pode extrapolar limites municipais e estaduais, desconhecendo, por exemplo, os limites geográficos estabelecidos topograficamente, como os divisores de água de bacias hidrográficas.

Alguns autores como O'Sullivan (1979), Newson (1992), Pollete (1993), Lima (1994), Pires (1995), Pires & Santos (1995), Calijuri & Oliveira (2000) e Rocha et al. (2000) são favoráveis à consideração da bacia hidrográfica como unidade espacial de estudo, planejamento e gerenciamento de paisagem, notadamente pelo fato de que as características dos corpos hídricos refletem as da bacia hidrográfica e vice-versa, ou seja, as características das bacias hidrográficas refletem as dos recursos hídricos, espelhando na qualidade e na quantidade da água as atividades humanas nela existentes.

No entanto, neste estudo, a bacia hidrográfica não será, inicialmente, proposta como unidade de planejamento ideal, mesmo esta sendo considerada pela Lei n⁰ 9.433/97, a qual instituiu o Sistema Nacional de Gerenciamento de Recursos Hídricos (Brasil, 1997), unidade territorial de atuação das políticas de recursos hídricos, planejamento e gerenciamento. Isso se deve ao fato de que uma unidade de conservação, como a categoria Área de Proteção Ambiental (APA), pode ultrapassar os limites de uma única bacia hidrográfica.

Quanto aos limites políticos, estes assumem importância na configuração limítrofe de unidades de conservação à medida que os elementos componentes do meio ambiente são preserváveis pela entidade estatal competente para regulamentação e administração, variando apenas as formas de preservação e os meios administrativos de efetivá-la, principalmente quando pertencentes a particulares amparados pelo direito de propriedade, como, por exemplo, o caso das APAs brasileiras.

Desse modo, as delimitações administrativas, quando existirem, devem ser consideradas; partindo do pressuposto de que a unidade administrativa municipal é responsável pelo ordenamento do uso do solo.

Em relação à tutela do meio ambiente, em âmbito municipal, o Art. 30 da Constituição Federal (CF) contempla a participação dos municípios em legislar (competência formal) sobre assuntos de interesse local e suplementar a legislação federal e estadual no que couber. Quanto à competência material (fiscalizar e zelar), proteger o meio ambiente cabe a todos os entes da Federação, segundo o Art. 23 da CF.

Análise e planejamento ambiental

Falar em atributos ambientais como condicionantes ao estabelecimento de limites para unidades de conservação pressupõe a idéia de planejamento, que corresponde ao conceito de sistema, ou seja, à necessidade de trabalhar com objetivos e reconhecendo a interação entre as questões ambientais e a política econômica, energética e de ordenação espacial. Para alguns pesquisadores, como Philippi Júnior & Marcovitch (1999), a interação dessas três políticas é fundamental para as estratégias do desenvolvimento sustentável.

Nessa concepção, o poder público é o principal agente de gestão do meio ambiente como controlador, e, de acordo com Castro et al. (1999), a sociedade se apresenta como alvo das ações de defesa do meio ambiente, cuja participação no processo é fundamental.

Para Demo (1991), a participação da sociedade, no sentido de alcançar os objetivos da sustentabilidade ambiental, desempenha a função de exercer pressão democrática para obrigar o Estado a cumprir seu papel na realização dos anseios dessa sociedade.

Dessa maneira, há a necessidade de sistematizar a abordagem das questões ambientais pelos três níveis de governo (federal, estadual e municipal), em que os conflitos são inevitáveis e exigem atuação da sociedade como força de pressão e cobrança de ações concretas.

Em relação ao planejamento, a visão que se tem atualmente engloba os valores ambientais envolvidos no sistema. Cavalheiro (1995) ressalta que o ordenamento do solo deveria ser feito à luz de análise e diagnose da paisagem, na medida em que permite a noção da proporção ideal entre os espaços livres e os construídos suportados pelos ecossistemas.

A análise sistêmica das paisagens como base para o planejamento ambiental permite, segundo Cavalcanti et al. (1997), entender as regularidades da organização espacial dos sistemas ambientais nos âmbitos local e regional, compreender funções ecológicas que servem de base para avaliar os impactos ambientais e esclarecer as formas de uso e ocupação dos potenciais recursos ambientais que podem servir de subsídios para normas de racionalidade na utilização dos sistemas ambientais.

Portanto, o planejamento ambiental, segundo Conti & Furlan (1995), visando considerar critérios de suscetibilidades ou restrições do meio ambiente, deve levar em conta os seguintes aspectos:

- A região é um conjunto interativo dos fatores socioculturais e naturais.
- Adoção de enfoque holístico, no qual o ser humano integra o sistema ambiental.
- Reconhecimento de uso múltiplo do território e reutilização como forma lógica de maximizar o aproveitamento dos recursos naturais.
- A sociedade deve participar, intrinsecamente, do processo.

A escala, a profundidade de análise e os critérios de classificação dos fatores ambientais devem estar diretamente relacionados ao objetivo de estudar a delineação dos limites de unidades de conservação.

A questão das escalas espacial e temporal é importante para o planejamento ambiental. Dias (1999) alerta que as escalas de tempo e espaço nem sempre são as mesmas e que, portanto, a passagem da preponderância de um elemento paisagístico para outro anuncia uma descontinuidade no sentido evolutivo da paisagem.

Para a escala humana de tempo, essas descontinuidades são quase sempre determinadas pelo próprio ser humano, em seu processo de intervenção na natureza. Além da descontinuidade temporal na manifestação dos elementos, há, também, a descontinuidade espacial, o que explica a diversidade fisionômica das paisagens.

Levando em consideração que não é possível definir todas as unidades da paisagem a partir de apenas um elemento, deve-se atentar para a hierarquia segundo a qual se manifestam os elementos de estruturação paisagística. A identificação dessas unidades de paisagem, cujas características ambientais devem ser analisadas de maneira integrada e devem correlacionar a capacidade de aceitar um uso potencial com um mínimo de perturbação, é um procedimento-chave utilizado nessa investigação.

A unidade de paisagem, segundo Forman & Godron (1986), é caracterizada como ecossistema, isto é, a estrutura física e as relações entre solo, água, nutrientes, energia, plantas e animais.

Esse procedimento de análise integrada de recursos, cujos precursores são autores como Cristian & Stewart (1968) e McHarg (1969), utiliza métodos cartográficos para representar as características ambientais de determinada área e integrar as informações e a elaboração de mapas derivados, informando a capacidade de uso do solo ou as áreas de conflito e restrições de uso.

O conhecimento das características do meio ambiente é imprescindível, partindo da premissa de que o planejamento ambiental decorre de uma abordagem que encara a sociedade como um conjunto de subsistemas interligados e tendo por parâmetro a visão sistêmica do meio à estrutura sociopolítica existente.

Sob visão sistêmica, os atributos ambientais devem ser estabelecidos e seus papéis, avaliados dentro dos ecossistemas. Isso reforça o planejamento do uso do solo e sua capacidade de relacionar o nexo causal (causa–efeito) por meio da ligação entre planejamento e proteção ambiental.

Para Schmid (1994), um complexo padrão de efeitos deve ser incorporado ao componente ecológico; sem perder a visão dos objetivos a alcançar, criando condições espaciais necessárias para melhorar a qualidade de vida.

Por outro lado, Jurgens (1994) enfoca que a dimensão social, como forma de guiar o comportamento humano, deve ser incluída no processo juntamente com as dimensões físicas, biológicas e ecológicas.

Em relação ao método de análise integrada de recursos, que tem por base operacional a sobreposição de informações, McHarg (1992) afirma que, talvez, uma das mais valiosas inovações seja a concepção de complementaridade de usos do solo e a procura por áreas que suportem mais de um uso. O reconhecimento de que determinadas áreas são intrinsecamente favoráveis a muitos tipos de usos pode ser tanto um conflito quanto uma oportunidade para combinar usos de forma que reflitam os anseios da comunidade.

Portanto, o levantamento de informações ambientais que traduzem as características do meio biofísico e sociocultural constitui o quadro da situação atual de determinada região, sendo esta a primeira etapa da caracterização ambiental.

Dessa maneira, para estabelecer as divisas de uma unidade de conservação, ou seja, seu traçado limítrofe, deve-se, inicialmente, admitir fronteiras amplas para, a partir dessa situação, promover os ajustes necessários considerando os atributos ambientais.

Alguns pontos são relevantes e, sempre que possível, devem ser priorizados, como, por exemplo, a área da Unidade de Conservação (UC) deve ser o suficiente para que possam ser preservados os ecossistemas de interesse. A identificação das divisas da UC, sejam políticas, sociais, culturais, econômicas, físicas ou biológicas, devem permitir sua adequada gestão, e o objetivo de preservação de cada categoria de UC deve ser o marco inicial para a análise integrada dos recursos ambientais.

Ponderação dos atributos ambientais

Conforme mencionado anteriormente, a definição de áreas prioritárias para preservação e, conseqüentemente, a delimitação de unidades de conservação devem ser analisadas à luz do dinamismo dos sistemas ambientais, pois estes estão em constante processo evolutivo.

Em observância às orientações da FAO (1988), apontam-se, preliminarmente, os seguintes procedimentos a serem adotados, como critérios ou subsídios, para definição de áreas prioritárias para conservação:

- Necessidade de preservação dos atributos ambientais que motivam a criação da área, estabelecendo prioridades (paisagem intocada, paisagem manejada, paisagem degradada).

- Áreas de fragilidade ambiental, em decorrência de ação antrópica ou natural.

- Proteção de fauna e flora significativas, relacionadas à evolução biológica e à interação das espécies.

- Proteção dos fatores socioculturais.

- Considerar o uso e a ocupação existentes do solo e, de acordo com cada caso, o uso futuro.

A FAO produziu, em 1988, o *Manual de Planificación de Sistemas Nacionales de Áreas Protegidas en América Latina* para subsidiar os países dessa região no estabelecimento de sistemas de espaços territoriais protegidos. Esse manual contém modelo de pontuação para seleção de áreas protegidas, o qual se baseia na criação de uma listagem com ordem de prioridade das áreas com maior importância para conservação, cujos pontos são ordenados a partir de critérios como valor para conservação, raridade e diversidade de espécies, tamanho, entre outros (Pressey & Nicholls, 1989).

Na realidade, um dos primeiros autores a sugerir a utilização de ponderação de atributos foi Rattcliffe (1971). Posteriormente, Tans (1974) incorporou ao método de pontuação aspectos físicos, biológicos, de beleza natural e disponibilidade para conservação, cujo resultado consistiu na multiplicação das pontuações conferidas aos variados atributos.

Autores como Smith & Theberge (1987) criticam o modelo de pontuação, em razão da maneira como é realizada a integração dos vários critérios para chegar à decisão final. Argumentam que nem sempre as áreas com maior pontuação refletem necessidade de conservação, pois apresentam como somatório um único valor. Os autores acrescentam que a simplificação excessiva pode negar a existência de inter-relações entre os diversos atributos e, conseqüentemente, a própria existência de ecossistemas.

Há, também, a crítica ao julgamento subjetivo atribuído por profissionais a determinado fator ambiental, o que, por meio de interpretações individuais, pode levar a diferenças consideráveis na avaliação dos locais (Kirkpatrick, 1983; Pressey & Nicholls, 1989).

Portanto, a ponderação dos atributos ambientais é uma maneira aceitável e recomendável por autores como Gülez (1992) para selecionar espaços territoriais a serem protegidos, desde que a abordagem contemple pontuação adequada, dando atenção especial para que não haja ausência de alguns atributos ou replicação deles, em outras palavras, para que não sejam considerados mais de uma vez.

Atributos ambientais

Como critérios a serem adotados para definição e delimitação das áreas prioritárias para conservação, conseqüentemente, das unidades de conservação, deve-se analisar, de acordo com cada categoria de unidade de conservação, os seguintes fatores ambientais agrupados em três distintas categorias: físicos, biológicos e antrópicos (não organizados de forma hierárquica):

Categoria física: a) recursos hídricos superficiais e subterrâneos, incluindo áreas de inundações e de recargas de aqüíferos; b) áreas de interesse, ou seja, que apresentam algum tipo de fragilidade; e c) características de solo e relevo.

Categoria biológica: a) áreas de ocorrência de fauna e flora significativa para conservação; e b) áreas de vegetação (remanescentes e áreas a serem reconstituídas).

Categoria antrópica, ou seja, aspectos socioculturais das populações envolvidas: a) uso e ocupação do solo existentes, inclusive em áreas urbanas; b) fatores socioculturais, como presença de população humana e de processos produtivos (no caso particular das APAs) ou de comunidades nativas e população tradicional, por exemplo, a categoria Reserva de Desenvolvimento Sustentável; e c) locais de valor histórico, arqueológico e cultural.

Esses fatores ou atributos ambientais devem ser identificados respeitando as especificidades locais, tendo por pressuposto básico a necessidade de viabilizar a manutenção da qualidade requerida para aquele espaço territorial. Nesse caso, a qualidade ambiental refere-se ao estado do que se pretende ter como ambientalmente desejável para determinada área, ou seja, a permanência de certas características iniciais ao longo de determinado período. A determinação da quantidade ou do período é função das especificidades locais e das pretensões expressas pelo poder público e pela sociedade para a área, estando sujeita a alterações, uma vez que os processos naturais no espaço sofrem constantes mudanças (evoluções), atingindo, conseqüentemente, os sistemas ambientais. É importante ressaltar que tempo e espaço são variáveis dinâmicas.

Santos (1996) conceitua tempo como a sucessão de eventos e sua trama, e espaço como o meio, o lugar material da possibilidade de eventos. Acrescenta que tempo, espaço e mundo (entendido como somatório e síntese de eventos e lugares) são realidades históricas que devem ser intelectualmente reconstruídas em termos de sistema.

Sob essa ótica, o que se tem ao identificar os atributos ambientais de determinada área é a fotografia de um instante em determinados espaço e tempo, onde estão inseridas as concepções vigentes de uma sociedade e de seu comportamento acerca de seu meio, bem como as relações entre ambos.

Tendo em vista que a perspectiva de intervenção no meio, de acordo com Moraes (1994), deve ilustrar a preocupação ambientalista voltada para os conceitos de qualidade de vida e desenvolvimento sustentável, são abordados, a seguir, alguns fatores ambientais que influenciam na determinação dos limites de unidades de conservação.

Esses fatores devem ser ponderados, atribuindo-se a cada um pesos diferenciados, conforme sua importância em situação específica, ou seja, respeitando os objetivos de criação dos diversos tipos de unidades de conservação brasileiras.

Portanto, a análise integrada dos recursos naturais pressupõe a identificação dos fatores ambientais físicos, biológicos e antrópicos, cuja ponderação, em relação a sua importância na determinação de UCs, tem por procedimento-padrão atender aos objetivos que ensejam a criação de cada categoria de UC existente no conjunto brasileiro de áreas protegidas.

Atributos físicos

A seguir, comentam-se sobre os fatores ambientais físicos e sua contribuição potencial, no sentido de incluí-los como critérios de delimitação de perímetro de unidades de conservação. A seqüência apresentada não obedece a níveis hierárquicos.

Em relação aos recursos hídricos superficiais e às áreas de inundação correspondentes, sua ponderação depende diretamente do tipo ou da categoria de unidade de conservação e, por conseguinte, de seu papel na manutenção da qualidade ambiental do espaço territorial; depende também da localização do sistema em estudo.

O conhecimento dos corpos hídricos superficiais é de fundamental importância para a proteção dos recursos ambientais, pois as alterações exercidas nos ambientes naturais, como o desmatamento, a modificação na topografia etc., podem afetar os recursos hídricos.

Daí advém a importância das Áreas de Preservação Permanente (APP), instituídas pelo Código Florestal (Brasil, 1965), com o objetivo de salvaguardar espaços vegetados em torno de nascentes, ao longo de rios, ao redor de lagoas, lagos, reservatórios, entre outros, e topos de morro; além de averbar áreas de reserva legal.

Portanto, os recursos hídricos superficiais, os caminhos que estes percorrem, as áreas inundáveis contíguas ou não a esses corpos hídricos superficiais e as respectivas APPs assumem características restritivas no que concerne à delimitação de unidades de conservação. Em outras palavras, o leito dos corpos hídricos superficiais pode ser identificador de divisa de uma UC, sendo este, as respectivas APPs e as áreas inundáveis integrantes de um determinado espaço territorial protegido.

Em relação aos recursos hídricos subterrâneos, ou seja, os aqüíferos, Mota (1995) admite que sua preservação deve ser vista sob dois aspectos: em relação à poluição a que estes estão sujeitos, a partir da infiltração de águas contendo impurezas, e quanto à recarga, de modo a ser garantida sua disponibilidade para diversos usos.

Dessa maneira, admite-se incluir como critério de delimitação para unidades de conservação a identificação das áreas com função de recarga de aqüíferos, uma vez que elas são consideradas frágeis do ponto de vista ambiental. Porém, torna-se inviável, em alguns casos, o uso da área de recarga de aqüífero como critério para demarcação das divisas de uma UC, pelo fato de, em sua grande maioria, abranger dimensões territoriais que ultrapassam limites administrativos municipais, estaduais e, até mesmo, nacionais.

Em relação às áreas de interesse, pode-se dizer que são áreas em que o somatório das condições ambientais ocasiona aspectos de sensibilidade ou de fragilidade. Entre essas estão as áreas vulneráveis em que se constata risco potencial de degradação, seja pela influência do solo, pela declividade ou pela possibilidade de erosão dos solos.

A identificação de classes de risco possibilita subsidiar a delimitação de unidades de conservação, pois constitui um mapa com informações espaciais de fragilidade do meio físico, dependendo do tipo ou da categoria de UC.

Em relação à geologia do sistema em estudo, as diferentes formações da paisagem são fatores que podem subsidiar a delimitação de UCs, desde que sua identificação cartográfica evidencie características relevantes vinculadas a funções ambientais necessárias à manutenção da qualidade requerida para o sistema carente de conservação.

Como exemplo pode-se citar as formações Botucatu e Pirambóia, no território brasileiro, que, em razão das características dos sedimentos, possuem a função de recarga do aqüífero subterrâneo denominado Guarani. Nesse caso específico, a identificação, por meio de informação espacializada, da presença de afloramento dessas formações pode servir de critério na delimitação de unidades de conservação. No entanto, seu peso dependerá do grau de proteção requerido segundo o tipo ou categoria de UC.

Quanto à pedologia, por meio da caracterização dos tipos de solo, é possível dispor de informações que possam contribuir ao uso mais adequado do sistema em estudo, levando-se em consideração as suscetibilidades e as aptidões, bem como as restrições ambientais. Os diversos tipos de solo apresentam características singulares que podem condicionar, ou não, a fragilidade de sistemas ambientais.

Portanto, os tipos de solo podem ser considerados critério para definição de perímetro de unidades de conservação, pois incorporam a compreensão da necessidade de proteção ou manejo adequado. No caso das APAs, esse critério adquire feição singular, porque essa categoria de unidade de conservação permite o uso do solo para atividades econômicas, bem como o legítimo direito de propriedade, ressalvadas as intervenções ou limitações administrativas do poder público para disciplina do uso da terra e de seu uso social, previsto na Constituição Federal.

Desse modo, no caso particular da categoria APA, a identificação de solos propícios a determinada atividade, como, por exemplo, agricultura ou pecuária, e sua localização espacial no sistema em estudo possibilitariam sua inclusão como critério de delimitação desse espaço territorial protegido, uma vez que o argumento básico de criação incorpora a dimensão produtiva, o uso dos recursos naturais e a proteção ambiental, ou seja, o uso sustentável da terra.

Portanto, os atributos ambientais físicos de uma região configuram-se em elementos contribuintes na determinação dos limites de unidades de conservação, sendo atribuídos pesos (menores ou maiores) em relação ao grau de relevância no contexto de proteção ambiental requerida pelo tipo ou categoria de unidade de conservação.

Atributos biológicos

O processo de delimitação de unidades de conservação inclui os fatores biológicos. Segundo May (1994), é difícil saber onde iniciar ou encerrar a discussão sobre os princípios relevantes para seleção e manejo de espaços territoriais protegidos.

Desse modo, o critério biológico tem peso bastante significativo quando se deseja delimitar uma categoria de unidade de conservação cujo objetivo específico seja proteger espécies significativas de fauna e flora. As áreas de ocorrência de fauna e flora estão diretamente relacionadas à cobertura vegetal dos espaços territoriais.

A discussão envolvendo critérios biológicos para configuração de áreas protegidas tem por um de seus marcos iniciais a Teoria do Equilíbrio de Biogeografia Insular (TEBI), de MacArthur & Wilson (1963), baseada no número de espécies em uma ilha e no balanço entre o número de imigrações e extinções, bem como na diversidade de habitats existentes.

Outros critérios biológicos, como a identidade de espécies, foram sendo incorporados para determinação de limites de áreas protegidas (Patterson, 1987).

Posteriormente, surgiu a idéia da dinâmica de metapopulação, que consiste em um conjunto de subpopulações de uma espécie que interagem, cada uma (subpopulação) existindo em uma fração de habitat e separadas entre si por porções de terreno impróprio (Hanski & Gilpin, 1991).

Shafer (1990) considera que os critérios biológicos devem partir da escolha de determinada espécie com certas características, cujo resultado indicaria uma área capaz de abarcar a conservação de outras espécies da comunidade. Para tanto, o referido autor considera a vulnerabilidade à extinção, as espécies indicadoras, as espécies-chave[1] e as espécies do topo da cadeia trófica como subsídios para determinar qual espécie deve ser escolhida.

No campo da Biologia da Conservação, Grumbine (1990) aponta a população mínima viável de determinada espécie como critério para delimitação de áreas protegidas, sendo esta definida como a menor população isolada que tem alta probabilidade de sobrevivência.

Vários autores, como Rattcliffe (1971), Smith & Theberge (1987), Saeterdal et al. (1993), descrevem métodos cujos critérios biológicos repousam nos conceitos de diversidade, riqueza, espécies endêmicas, espécies raras etc.

Segundo Margules & Usher (1981), Barzetti (1993) e Angermeier & Karr (1994), dois critérios biológicos são importantes na determinação de espaços territoriais protegidos: diversidade e integridade biológica. Por diversidade entende-se a variedade e a variabilidade existentes entre organismos vivos e complexos ecológicos em que ocorrem, abrangendo diferentes ecossistemas, genes e espécies (Angermeier & Karr, 1994). Integridade biológica, segundo os referidos autores, é a capacidade de suportar e manter uma comunidade de organismos que tem composição, diversidade de espécies e organização funcional comparável àquela de ambientes naturais.

Quanto ao atributo vegetação, sua ponderação adquire caráter relevante, na medida em que constitui um elemento cuja função ambiental vai desde regulador de temperatura à área de infiltração de águas pluviais, de mata ciliar (ou Área de Preservação Permanente) à formação de habitat natural para espécies de fauna e flora.

Desse modo, são atribuídos pesos diferenciados tanto para os remanescentes de vegetação, os chamados fragmentos, como para as porções a serem recuperadas, as quais estão presentes no sistema em estudo. Estes também dependem da categoria de unidade de conservação, se restritiva ou mais permissiva em relação ao uso dos recursos naturais.

Ressalta-se que, em virtude da diversidade ecológica existente no território nacional, há diferentes tipos de vegetação, como cerrado, complexo do pantanal, caatinga, floresta amazônica etc. Por serem diferentes não se comparam importâncias, ou seja, os diferentes tipos de fragmentos de vegetação não possuem graus de hierarquia, porque sua diversidade está correlacionada a fatores

---

1. Espécie-chave é aquela que tem papel fundamental na estrutura ou uma função na comunidade, de modo que sua ausência pode comprometer a sobrevivência de muitas outras, a partir de uma reação em cadeia (Meffe & Carroll, 1994).

como relevo, clima, posição geográfica, entre outros, e todos são importantes e fundamentais.

Esses fragmentos de vegetação e as áreas a serem reconstituídas, portanto, assumem posição relevante no contexto de conservação dos recursos naturais, sendo sua identificação geográfica e sua distribuição espacial critérios determinantes para indicar os limites de unidades de conservação.

Atributos antrópicos

Ao se falar em fatores ambientais antrópicos deve-se ter a percepção de seus componentes: econômico, social, cultural, arqueológico e político.

Segundo McHarg (1992), o reconhecimento dos valores sociais inerentes aos processos naturais deve preceder a prescrição de utilização dos recursos ambientais, pois os valores sociais representam a multiplicidade de usos do homem.

Na realidade, o ser humano determina o uso ou não dos espaços por meio de suas escolhas e opções. As opções nem sempre são decorrentes de natureza técnica, podendo ser determinadas por: 1. interesses (econômicos ou financeiros); 2. regimes formais (aspectos legais e institucionais); e 3. regimes informais (levando-se em consideração tradições, costumes, valores e percepção de determinado bem).

Quanto à delimitação de unidades de conservação, a primeira opção refere-se à abordagem de demarcação via eficiência econômica ou análise de custo-benefício, cujo critério é maximizar o retorno de proteção ambiental com determinado custo. Esse critério se baseia na avaliação das vantagens em implantar espaços protegidos ou quanto "bem-estar" é produzido em comparação aos custos resultantes da perda de "bem-estar" em relação a outros usos da terra (Dixon & Sherman, 1990).

A segunda opção diz respeito à abordagem político-institucional na criação e na demarcação de espaços territoriais protegidos, por meio de processo de decisão casuística, até mesmo arbitrária, sem que fatores biológicos, físicos, culturais ou econômicos tenham exercido papel no cenário. Assim, a delimitação obedece interesses políticos e, utilizando palavras de Pádua (1999), oportunistas.

Na realidade, as decisões políticas de criação de unidades de conservação, notadamente a criação de APAs que é feita por meio de dispositivo legal e não necessita de regularização fundiária, envolvem uma atmosfera de benefício social.

No entanto, entende-se que os limites administrativos de municípios e Estados são critérios importantes para a delimitação de unidades de conservação, desde que incorporem o objetivo e o manejo de determinada categoria, conseqüentemente, que sejam protegidos os atributos que ensejaram sua criação e implantação. Ou seja, a partir da constatação de que determinado sistema tem valor para a conservação e após adequado seu objetivo à criação de categoria de unidade de conservação específica, os limites administrativos são critérios interessantes para o estabelecimento de limites ou divisas. Essa concepção é mais representativa no caso particular das APAs, foco deste trabalho. Dentro dos limites administrativos dos municípios, deve-se observar a presença de conglomerados urbanos e sua projeção de crescimento, ou seja, as áreas urbanizáveis, pois elas constituem fatores preponderantes na identificação das características do meio ambiente, uma vez que, em escalas temporal e espacial determinadas, são responsáveis por diversas pressões às quais os ecossistemas são submetidos.

A terceira opção concerne aos aspectos sociais e culturais do sistema, cujas peculiaridades e relevância histórica devem ser consideradas na medida em que interferem diretamente na relação ser humano/natureza. Em algumas categorias de unidades de conservação, como as APAs, o aspecto social do sistema em estudo tem peso preponderante, uma vez que em seu interior é permitido ao proprietário, seja este público ou privado, o uso econômico da propriedade com a responsabilidade de manutenção da qualidade ambiental.

Desse modo, não estão em jogo apenas as chamadas populações tradicionais ou comunidades nativas, mas a população humana em sua essência, cujos usos efetivos do solo podem resultar em efeitos ambientais externos negativos, pelo fato de que os tipos de uso e as formas de ocupação inadequadas exercem, reconhecidamente, pressões sobre o meio ambiente.

McNeely (1997) ressalta que está claro que a biodiversidade pode ser exaltada ou reduzida pelos sistemas de manejo aplicados e, portanto, o desafio é planejar manejos que sejam efetivos tanto para conservação biológica quanto para alcançar as necessidades humanas básicas. Assim, continua o autor, é possível a convivência natural entre comunidade local e áreas protegidas manejadas, especialmente quando a comunidade pode participar como proprietária e quando é dado o devido reconhecimento ao valor de seu legado.

Além disso, não se concebe, dentro da abordagem ecossistêmica de configuração de áreas protegidas, a dissociação do ser humano, como agente econômico, social, cultural e político, da natureza, não tendo participação no processo de planejamento de unidades de conservação.

Segundo Carrillo & Charvet (1994), a participação social, para ser legítima, implica o acesso real à tomada de decisão, para que as pessoas assumam o papel de atores sociais em vez de sujeitos passivos no processo. Essa participação pode ocorrer em diferentes níveis.

Pimbert & Pretty (1997) afirmam que a participação pode se dar de maneira independente das instituições – pela formação de grupos para análise das propostas de organizações, por consultas orais ou por questionários à população, podendo ocorrer em nível de informação das instituições para as pessoas envolvidas no processo.

No caso específico da APA, a participação dos cidadãos envolvidos, que não se apresenta como um processo simples, tanto na definição do programa como na "aprovação" da solução técnica, constitui o cenário desejável para a administração de conflitos que possam ocorrer em sua gestão, uma vez que a barreira da conscientização, o conhecimento da necessidade da UC e a aceitação de sua real constituição seriam amenizados.

Em relação ao componente cultural, para determinadas categorias de unidades de conservação, como as Reservas de Desenvolvimento Sustentável, este tem peso significativo na delimitação de seu perímetro, por incorporar a necessidade de proteção de populações tradicionais ou comunidades nativas e seu legado histórico.

Diegues (2000), autor brasileiro, é favorável à incorporação do critério de existência de áreas de alta biodiversidade decorrente do conhecimento e do manejo tradicional ou do etnomanejo, realizado por populações indígenas e não indígenas, a ser utilizado para definir os lugares prioritários para conservação.

Dessa maneira, os limites geográficos de unidades de conservação devem considerar as possibilidades de manejo dos recursos naturais, amparadas em experiências práticas conservacionistas tradicionais ou de cunho científico ou, ainda, na integração de ambas. Gómez-Pompa & Kaus (1992, 2000) lembram que o desafio fundamental não é conservar áreas naturais, mas domesticar o mito com o entendimento de que os seres humanos não são separados da natureza, incluindo-os no processo de conservação.

Guha (2000) critica, veementemente, os biólogos como árbitros das políticas de conservação no mundo, chamando-os de autoritários e arrogantes, uma vez que influenciam a concepção de exclusão dos seres humanos, especificamente dos nativos, nas áreas de interesse para conservação, com a falácia de preservação da vida selvagem (animais e plantas) galgada no verdadeiro interesse de dominação do território.

Quando se fala em locais de valor histórico, arqueológico e cultural, a percepção que se deve ter é de que estes são únicos, ímpares e que, por sua singularidade, se destacam entre os demais, por isso merecem ser preservados de modo a garantir sua perpetuidade ao longo dos tempos. Podem ser naturais ou criados pelo ser humano, porém independente da natureza de sua criação, carregam um valor imensurável, digno de ser transmitido às gerações futuras.

Muitas vezes, pela extensa dimensão das unidades de conservação, são identificados locais de valor incalculável, que tanto pode ser uma árvore centenária (cujo valor histórico interesse à conservação) como uma cidade inteira (em ruínas ou não), os quais necessitam de tratamento especial em função de sua peculiaridade.

Desse modo, a identificação desses locais deve ser feita com base nos objetivos de preservação de cada UC, de modo a permitir sua existência e a manutenção de seu valor. Portanto, entende-se que o estabelecimento de áreas protegidas deve ser fundamentado no atendimento às especificidades locais e aos objetivos que ensejam a criação de uma categoria específica de unidade de conservação, englobando os componentes social, político, cultural, arqueológico e econômico dos fatores ambientais antrópicos, bem como os fatores ambientais biológicos e físicos.

Capítulo 4

Estudo de caso: Área de Proteção Ambiental de Corumbataí/SP

Este capítulo tem por objetivo, por meio de um estudo de caso, verificar como os atributos ambientais que ensejam a criação de uma unidade de conservação são condicionantes de seus limites ou perímetro, levando-se em consideração os procedimentos de seu planejamento. Para tanto, o foco é uma unidade de conservação de uso sustentável, Área de Proteção Ambiental (APA), pelo fato de esta categoria permitir o desenvolvimento de atividades econômicas em seu interior aliado à proteção ambiental dos recursos naturais, o que vai *ao* encontro do paradigma do desenvolvimento sustentável. Também é feita uma descrição resumida da APA Corumbataí e de sua definição perimétrica.

Alguns critérios motivaram a escolha da categoria Área de Proteção Ambiental como foco dessa investigação. Dentre eles, cita-se a singularidade dessa categoria de unidade de conservação brasileira, cuja finalidade e objetivos não encontram exemplar em nenhum outro sistema de unidades de conservação da natureza no mundo.

A APA é um instrumento institucional que aponta para a necessidade de reduzir as externalidades negativas que comprometem sua eficiência econômica e o bem-estar da sociedade, sem que para isso seja necessária a transferência dos direitos de propriedade da terra (titularidade) para o Estado. Como conseqüência direta da restrição ao uso e à ocupação do solo, essa unidade de conservação é palco de conflitos no que diz respeito a sua delimitação e, também, a sua gestão.

Optou-se por estudar a porção Norte da APA Corumbataí, SP. O fato de centralizar o estudo em uma parte dessa unidade de conservação permite analisar alguns cenários com maior facilidade.

A Figura 4.1 mostra, espacialmente, a distribuição das APAs e de outras áreas protegidas no Estado de São Paulo, bem como a localização da APA Corumbataí. Note que o perímetro Corumbataí tem os limites propostos pela Resolução Consema 50/94 (São Paulo, 1994a), ou seja, a região de Descalvado, ao norte da APA, não está incluída. Apresenta também a sobreposição com o perímetro da APA Piracicaba.

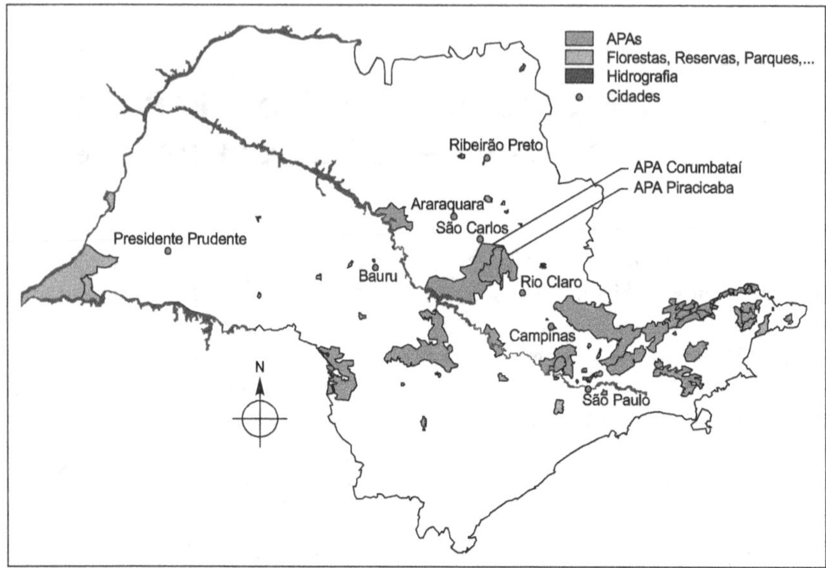

Figura 4.1   APAs estaduais e federais em São Paulo (mapa sem escala). *Fonte*: São Paulo, 1992.
Org.: Cortes, 2001.

Descrição da APA Corumbataí

A APA Corumbataí, localizada no Estado de São Paulo, criada pelo Decreto Estadual n⁰ 20.960 de 8/6/1983 (São Paulo, 1983), foi eleita objeto de estudo por ser uma das áreas mais representativas e que vem sendo objeto de regulamentação por parte do Estado. Salienta-se que o Decreto de Regulamentação da APA Corumbataí não está vigente, o que há atualmente é uma Minuta do Decreto (São Paulo, 1998) aprovada pelo Conselho Estadual do Meio Ambiente (Consema) e que ainda não foi assinada pelo governador do Estado de São Paulo. Na verdade, com a institucionalização do SNUC, os decretos de regulamentação das APAs necessitam passar por revisão para que se adeqüem à referida Lei.

De acordo com essa proposta (Minuta), o perímetro da APA Corumbataí englobaria a região de Descalvado, SP. Conforme as Figuras 4.2 e 4.3, que trazem seu zoneamento ambiental, respectivamente, segundo a proposta da Resolução Consema n⁰ 50/94 (São Paulo, 1994a) e da Minuta do Decreto (São Paulo,

1998), a região de Descalvado, ao norte da APA, foi incluída em seu perímetro, o que justifica o exercício de análise dos motivos que ensejaram sua inclusão, dentro da visão do cumprimento dos objetivos de proteção dos atributos ambientais nessa unidade de conservação, a saber: as *cuestas*, os morros testemunhos, as bacias hidrográficas para abastecimento público ou associadas a várzeas de interesse ecológico, as áreas de recarga do aqüífero Guarani, os recursos hídricos superficiais e subterrâneos, os remanescentes de fauna e flora e o patrimônio arqueológico.

Constata-se também que, na proposta de 1998, houve a incorporação do limite da APA Piracicaba ao limite da APA Corumbataí, já que havia uma sobreposição dessas unidades de conservação na proposta anterior.

Portanto, a porção Norte da APA Corumbataí, em razão da presença de vários atributos ambientais anteriormente citados (em especial as áreas de recarga do aqüífero Guarani, ou seja, os afloramentos da Formação Botucatu-Pirambóia e os recursos hídricos superficiais) e pelo fato de ser uma área em que se apresenta intenso conflito na determinação do uso do solo, é uma área adequada ao propósito dessa investigação.

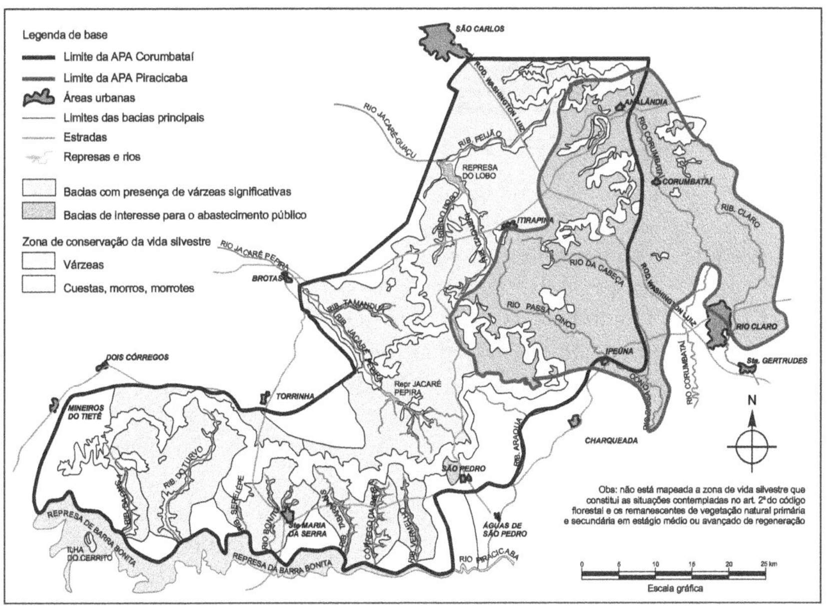

Figura 4.2 Zoneamento ambiental da APA Corumbataí, em 1994. *Fonte*: São Paulo, 1994a.

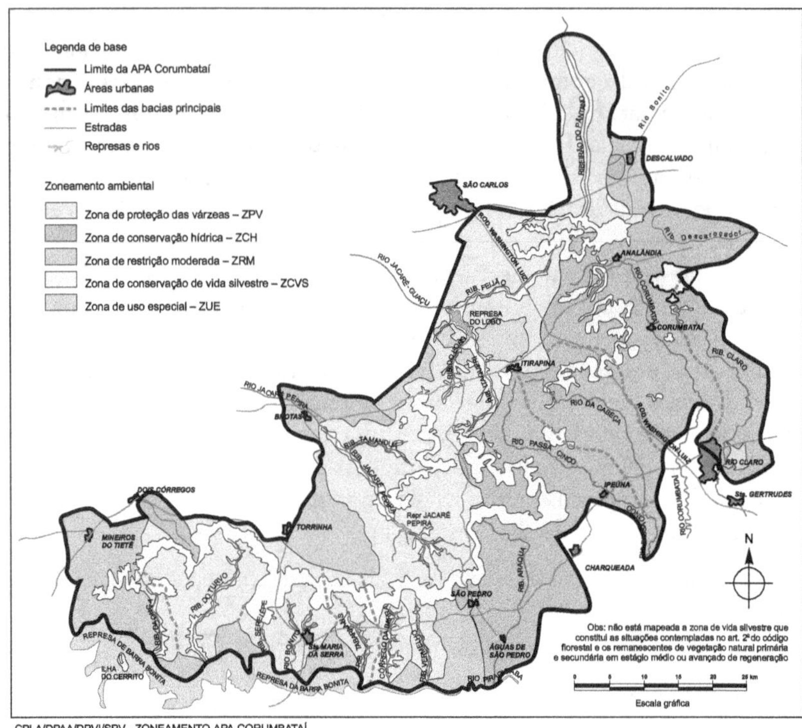

CPLA/DPAA/DPVI/SPV - ZONEAMENTO APA CORUMBATAÍ

Figura 4.3   Zoneamento ambiental da APA Corumbataí, em 1998. *Fonte*: São Paulo, 1998.

A APA Corumbataí, Botucatu e Tejupá, criada pelo Decreto Estadual nº 20.960, de 8/6/1983, engloba três perímetros (Corumbataí, Botucatu e Tejupá), sendo que o de Corumbataí totaliza uma área de 335.205 hectares, incluídos em seu perímetro porções ou totalidade dos municípios de Analândia, Águas de São Pedro, Anhembi, Barra Bonita, Brotas, Botucatu, Charqueada, Corumbataí, Descalvado, Dois Córregos, Ipeúna, Itirapina, Mineiros do Tietê, Piracicaba, Rio Claro, Santa Maria da Serra, São Pedro, São Carlos e Torrinha (Azevedo et al., 1990; São Paulo, 1983a, 1998).

Alvarenga (1997) comenta que, em 1986, foi divulgada proposta de regulamentação dos três perímetros que compõem a APA Corumbataí, Botucatu e Tejupá, a qual continha zoneamento geral na escala 1:100.000.

Em 1989, a SMA contratou a empresa ENGEA (Avaliações, Estudos de Patrimônio e Engenharia Ltda.) para desenvolver, em conjunto com a SMA, projeto de regulamentação da APA Corumbataí. Nesse trabalho, a ENGEA (1989/1990) constatou que as atividades econômicas predominantes na APA Corumbataí eram: 1. cultivo de cana-de-açúcar; 2. fazendas de reflorestamento de eucaliptos e pinus; 3. pecuária de corte em grandes propriedades e pecuária leiteira em pequenas; e 4. atividades mineradoras de areia, brita e argila. Propôs também zoneamento ambiental sobre o qual se apoiava o projeto de regulamentação delineado.

Azevedo et al. (1990) relataram que os elementos referenciais de análise do espaço da APA Corumbataí para proposição do zoneamento ambiental foram considerados relevantes: geomorfologia; solos; biota remanescente; potencial cênico das escarpas; recursos hídricos superficiais; áreas de recarga dos aqüíferos subterrâneos; patrimônio espeleo-arqueológico, histórico e cultural; bem como o uso do solo, considerando os impactos existentes e as possibilidades de conciliar a utilização dos recursos naturais e a manutenção dos atributos cênicos e dos processos ecológicos essenciais.

Para definição das zonas de proteção e manejo ambiental, Azevedo et al. (1990) e Vicentini (1992) estabeleceram critérios para cada elemento ambiental:

- escarpas: verificou-se a fragilidade ou a vulnerabilidade de encostas e topos de morros; faixas de proteção a partir da linha de ruptura nunca inferior a cem metros; declividades iguais ou acima de 40% (22°); valor cênico; patrimônio espeleo-arqueológico do *front* das *cuestas* com a localização de cavidades que guardam impressões rupestres;

- morros-testemunho, solo e subsolo: verificou-se suscetibilidade à erosão e ao assoreamento, uso e ocupação do solo; degradações por meio de impactos identificados e potencialidade para uso agropecuário;

- recursos hídricos superficiais e subterrâneos: verificou-se a fragilidade quanto ao assoreamento e à poluição dispersa e pontual dos recursos hídricos superficiais e subterrâneos; a fragilidade do patrimônio genético (flora e fauna) das cabeceiras dos rios que nascem nas escarpas; e a potencialidade dos recursos hídricos;

- biota remanescente, continuidade dos remanescentes da biota, por meio das matas ciliares, capoeiras, cerrados, campos naturais e várzeas: utilizou-se o conceito da TEBI (Teoria do Equilíbrio da Biogeografia Insular), de MacArthur & Wilson (1963).

Segundo Azevedo et al. (1990), o perímetro proposto para a APA Corumbataí teve por princípio a possibilidade de que a fragilidade ambiental e os recursos naturais, em especial a biota local, ficassem protegidos. A proposta para definição do perímetro baseou-se em elementos físicos, segundo os autores, facilmente demarcáveis, como rios, reservatórios e estradas. Esse perímetro foi apresentado na Figura 4.2.

Os atributos ambientais que ensejaram a criação dessa unidade de conservação e que, portanto, exigem proteção são: escarpas das *cuestas*, escarpas do reverso, morros testemunhos e de seu entorno; áreas de afloramento da formação Botucatu-Pirambóia; recursos hídricos superficiais e seu entorno; recursos hídricos subterrâneos; remanescentes da biota local; e patrimônio arqueológico existente na região (São Paulo, 1983, 1994a, 1998).

Segundo a Resolução Consema 50/94 (São Paulo, 1994a), a importância em proteger as *cuestas* e os morros testemunhos reside no fato de esses atributos abrigarem diversas nascentes, olhos d'água, com vegetação singular e fauna associada, além de serem áreas frágeis, uma vez que são suscetíveis a fraturamentos, desmoronamentos e possuem alta suscetibilidade à erosão.

No caso dos recursos hídricos superficiais e subterrâneos, a justificativa reside na importância desses mananciais para o abastecimento público, tanto nos municípios da APA como naqueles externos a seu território; na manutenção dos ecossistemas aquáticos; na importância das fontes hidrotermais; no potencial econômico; e, ainda, em usos como irrigação, entre outros (São Paulo, 1992).

A relevância de proteção dos remanescentes da flora e da fauna está associada à proteção dos fragmentos de vegetação, contínuos ou não, espalhados por todo o território da APA, bem como à presença de matas ciliares, campos naturais, entre outros tipos de vegetação.

São Paulo (1984) traz o diagnóstico ambiental da APA Corumbataí, elaborado pela Companhia de Tecnologia e Saneamento Ambiental (CETESB) e pelo Departamento de Águas e Energia Elétrica (DAEE), ambos órgãos do Estado de São Paulo, apresentando o histórico, os aspectos econômicos, a população e diversos diagnósticos setoriais, como geologia, geomorfologia, clima, relevo, hidrogeologia, tipos de solos, entre outros, concernentes ao referido espaço territorial.

Definição e redefinição perimétrica da APA Corumbataí

A proposição perimétrica constante no decreto de criação da APA Corumbataí sofreu alteração ao longo do tempo em razão da necessidade de proteção mais adequada aos atributos ambientais que motivaram a criação dessa unidade de conservação, excluídos do texto inicial. O embasamento das novas proposições perimétricas foi realizado pela Secretaria do Meio Ambiente (SMA), por meio da Coordenadoria de Planejamento Ambiental (CPLA) (Azevedo et al., 1990).

Em 1987, o Decreto Estadual n.º 26.882 criou as APAs Piracicaba e Juqueri Mirim, áreas I e II, reiterado pela Lei n.º 7.438, de 16/7/91, com o objetivo de proteger os mananciais para abastecimento público dos municípios de Rio Claro, Piracicaba, Jaguariúna, Bragança Paulista e da conurbação campineira (São Paulo, 1994b), cujo perímetro da área I se sobrepunha parcialmente ao perímetro de Corumbataí, conforme pode ser visualizado nas Figuras 4.1 e 4.2.

A sobreposição entre duas unidades de conservação, pertencentes à mesma categoria e situadas na mesma unidade de federação, confirma a não sistematização das informações ambientais e a ausência de critérios para a delimitação de UCs, relatadas no Capítulo 2.

A ENGEA (1989/1990) elaborou proposta de regulamentação que não foi implementada, no entanto, parte das propostas nela contidas foi incorporada aos novos planos de ação em busca da regulamentação e da efetivação da APA Corumbataí.

Dessa maneira, Alvarenga (1997) comenta que, entre 1990 e 1994, a equipe técnica do SMA elaborou plano de trabalho no qual constavam propostas de incorporação da área I de Piracicaba ao perímetro da APA Corumbataí, ampliando o perímetro Corumbataí, onde a proteção seria mais efetiva, com a incorporação de remanescentes de vegetação, excluídos do texto de criação, e ajustes no perímetro da APA, por meio de elementos físicos facilmente identificáveis, incluindo a incorporação das sedes urbanas. Essa inclusão no perímetro da APA é embasada no fato de que esses espaços são os que apresentam, segundo o Instituto Geológico da Secretaria do Meio Ambiente (IG), que era membro da equipe técnica de discussão do plano de trabalho, maior potencial de contaminação dos aqüíferos em função de atividades industriais, contaminação por esgotos etc.

Assim, a proposta de regulamentação da APA Corumbataí (São Paulo, 1998), versão mais recente, traz como proposição perimétrica o atendimento às propostas anteriormente mencionadas, com exceção da inclusão das sedes urbanas dos municípios, portanto, as áreas urbanas dos municípios que formam a referida APA são excluídas de seu perímetro. A configuração da proposta atual do perímetro da APA Corumbataí, bem como do zoneamento ambiental para esse espaço territorial protegido, pode ser visualizada na Figura 4.3.

Segundo a proposta de regulamentação da APA Corumbataí (São Paulo, 1998), incluem-se em seu perímetro a totalidade dos territórios abrangidos pelas seguintes áreas e sub-bacias:

- Córrego do Pântano, abrangendo porções dos municípios de São Carlos, Analândia e Descalvado;
- Ribeirão Araquá, localizado nos municípios de São Pedro, Charqueada e Águas de São Pedro;
- Ribeirão Samambaia, no município de São Pedro;
- Ribeirão da Rasteira, no município de Brotas;
- Ribeirão Claro ou Varjão, nos municípios de Brotas e Torrinha;
- Córrego do Gouveia, no município de Brotas;
- Córrego do Monjolo, nos municípios de Brotas e Torrinha;
- Córrego Benjamim, nos municípios de Brotas e Torrinha;
- Ribeirão do Lajeado, até o ponto de captação de abastecimento de água, no município de Dois Córregos;
- Ribeirão do Rosário, até o ponto de captação de abastecimento de água, no município de Descalvado;
- a área compreendida entre os pontos 2 e 6, seguindo pela rodovia SP 304, descritos no Anexo I do Decreto Estadual nº 20.960/83;
- Córrego do Pascoal, no município de Mineiros do Tietê;
- Córrego do Borralho, até a foz do Córrego do Pascoal, no município de Mineiros do Tietê; e
- a totalidade da sub-bacia do Ribeirão do Feijão, no município de São Carlos.

Em 2001, a Secretaria de Ciência, Tecnologia e Desenvolvimento Econômico, do município de São Carlos, por meio da Diretoria de Meio Ambiente, convidou pesquisadores da Universidade de São Paulo (USP) e da Universidade Federal de São Carlos (UFSCar) para uma reunião, a fim de avaliar a proposta da resolução (São Paulo, 1998) no sentido de viabilizar a regulamentação dessa unidade de conservação no governo estadual de São Paulo.

A preocupação específica da Secretaria Municipal está relacionada ao abastecimento de água, cujos mananciais integram a área da APA Corumbataí. Na realidade, o zoneamento proposto pela resolução citada seria um indicativo para que os municípios fizessem suas propostas de planejamento de uso e ocupação do solo. Constata-se, por meio de análise da referida resolução, que certos pontos precisam ser mais objetivos, uma vez que algumas propostas não condizem com a proteção ambiental requerida pela sociedade e pelo poder público para determinadas regiões da APA.

Cabe ressaltar que após a institucionalização da Lei nº 9985/00, que criou o SNUC, as Áreas de Proteção Ambiental e demais unidades de conservação, em âmbito nacional, necessitam passar por uma revisão, inclusive em seus perímetros, de maneira a se adequar à referida legislação federal.

Sistema em estudo

Para realização do estudo de caso do presente trabalho, recortou-se a porção Norte da APA Corumbataí, cuja área está entre as coordenadas geográficas 22º03' e 21º46'S e 47º30' e 47º42'W, que correspondem às coordenadas UTM (Universal Transversa Mercator), respectivamente, 7558000 e 7598000 m N e 241000 e 210000 m E. O sistema em estudo contempla áreas dos municípios de Luiz Antônio, Descalvado (cuja delimitação administrativa é integral), Santa Rita do Passa Quatro, Porto Ferreira, São Carlos, Analândia e Pirassununga, abrangendo um total de 1.240 km².

Para tornar possível a análise integrada de recursos, utilizou-se a metodologia de planejamento do uso do solo visando à conservação do meio ambiente, proposta por Mota (1981), a saber:

- Levantamento de dados: compreende a coleta de informações sobre a situação existente na área objeto de estudo (porção Norte da APA Corumbataí), permitindo o conhecimento das condições da topografia, da geologia, da hidrologia, do meio biótico e ecossistemas, dos locais de valor histórico, arqueológico e cultural, da qualidade ambiental existente, da infra-estrutura existente e projetada, do uso do solo existente e projetado, dos aspectos demográficos e dos aspectos socioeconômicos.

- Diagnóstico: a partir dos dados coletados na área objeto de estudo, é efetuado diagnóstico da situação existente, levando-se em consideração as condições ambientais em sua tríplice formação: física, biológica e antrópica.

- Formulação de cenários ambientais: por meio de sobreposição de imagens, utilizando as ferramentas disponíveis no *menu* do sistema de informações geográficas, foram sendo obtidos mapas, cujas características enfatizaram as potencialidades ou restrições daquela imagem, criando-se condições favoráveis à análise integrada dos recursos naturais e à discussão dos limites geográficos para a APA.

Foram obtidas e digitalizadas as seguintes cartas para o estudo da porção Norte da APA Corumabataí. A origem da quilometragem dos mapas é Equador e Meridiano 45°W. Gr. acrescidas as constantes 10.000 km e 500 km, respectivamente. O datum horizontal é Córrego Alegre, Minas Gerais.

- Topografia: Carta do Brasil, na escala 1:50.000, folhas Descalvado, Luiz Antônio, Corumbataí, Ibaté, Porto Pulador e São Carlos, do IBGE (1971);

- Geologia: mapa de formações geológicas de superfície, na escala 1:50.000, folhas Descalvado, Luiz Antônio e Corumbataí, do Instituto Geológico – IG (1984). Em razão da inexistência da folha Ibaté do mapa de formações geológicas de superfície, levando-se em conta a escala adotada, o extremo oeste da região de estudo (a partir da longitude 47°45') não foi considerado;

- Pedologia: levantamento pedológico semidetalhado do Estado de São Paulo, na escala 1:100.000, folhas São Carlos (IAC, 1981) e Descalvado (IAC, 1982);

- Rede Hidrográfica: Carta do Brasil, na escala 1:50.000, folhas Descalvado, Luiz Antônio, Corumbataí, Ibaté, Porto Pulador e São Carlos, do IBGE (1971);

- Vegetação natural: mapeamento de vegetação natural do Estado de São Paulo, na escala 1:50.000, folhas Descalvado, Luiz Antônio, Corumbataí e Ibaté, do DEPRN (1989);

- Infra-estrutura – sistema viário e urbano: Carta do Brasil, na escala 1:50.000, folhas Descalvado, Luiz Antônio, Corumbataí, Ibaté, Porto Pulador e São Carlos, do IBGE (1971).

Nessa fase, a abordagem metodológica é centrada no uso do GPS (Sistema de Posicionamento Global), com a finalidade de, em campo, delimitar pontos e posições fixas necessárias; do SIG (Sistema de Informações Geográficas) Idrisi *for* Windows 3.2 e do Cartalinx, como módulo de aquisição de dados, a fim de possibilitar a obtenção de um banco de dados ambientais.

Posteriormente, é realizada a compilação das informações, bem como a análise e a sistematização destas, e, a partir do banco de dados digital georreferenciado, são realizadas as análises, de modo a permitir a configuração dos cenários ambientais.

O primeiro passo foi identificar os atributos ambientais que motivaram a criação da APA Corumbataí no sistema em estudo. Dentre os atributos ambientais da APA Corumbataí está o patrimônio espeleo-arqueológico, no entanto, no sistema em estudo não foram identificadas áreas de ocorrência desse tipo.

A Figura 4.4 mostra os recursos hídricos superficiais existentes no sistema em estudo.

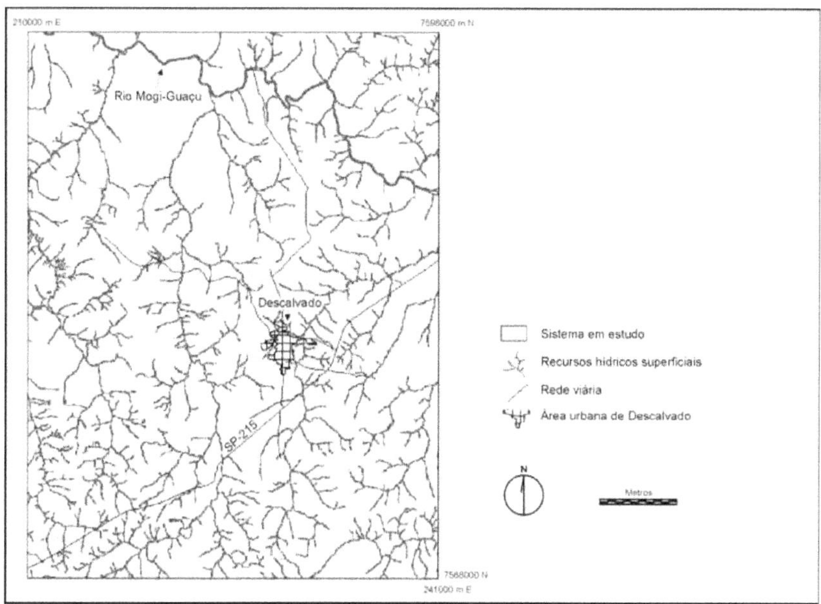

Figura 4.4   Recursos hídricos. *Fonte*: Ranieri, 2000.

As áreas de afloramento das formações Botucatu e Pirambóia representam as áreas de recarga do Aqüífero Guarani; este seria o principal recurso hídrico subterrâneo que a APA Corumbataí se propõe a proteger.

Para Duarte (1980), do ponto de vista hidrogeológico, as formações Botucatu e Pirambóia comportam-se como único sistema aqüífero cuja alimentação ou recarga se dá por infiltração direta das chuvas nas áreas de afloramento e pelas fissuras das escarpas basálticas. Portanto, os afloramentos dessas formações são áreas frágeis, prioritárias no que concerne à conservação.

Segundo Rebouças (1999), o termo Aqüífero Guarani é a denominação dada ao sistema hidroestratigráfico Mesozóico, constituído por depósitos de origem flúvio-lacustre/eólicos do Triássico (formações Pirambóia e Rosário do Sul, no Brasil; Buena Vista, no Uruguai) e por depósitos de origem eólica do Jurássico (formações Botucatu, no Brasil; Missiones, no Paraguai; e Tacauarembó, no Uruguai e Argentina). Sua área de ocorrência, de 1.195.200 km², extrapola a porção brasileira da Bacia do Paraná, com mais de 839.800 km² (MS = 213.200 km², RS = 157.600 km², SP = 155.800 km², PR = 131.300 km², GO = 55.000 km², MG = 51.300 km², SC = 49.200 km² e MT = 26.400 km²), e estende-se na direção do Paraguai (71.700 km²), Argentina (225.300 km²) e Uruguai (58.400 km²).

Para o mapa temático de afloramento da formação Botucatu-Pirambóia, utilizou-se o mapa de geologia do sistema em estudo, em que, por meio da ferramenta *reclass*, foram agrupadas as formações Botucatu e Pirambóia com o mesmo identificador, sendo as demais – Areias, Argilas e Cascalhos; formação Santa Rita do Passa Quatro; formação Pirassununga; formação Itaqueri; formação Serra Geral; Intrusivas Básicas; e formação Corumbataí – agrupadas com outro identificador.

Dessa maneira, foi possível obter um plano de informações sobre o afloramento da formação Botucatu-Pirambóia, que representa as áreas de recarga do Aqüífero Guarani, com as mesmas georreferências e escala do mapa geológico do sistema em estudo, conforme ilustra a Figura 4.5.

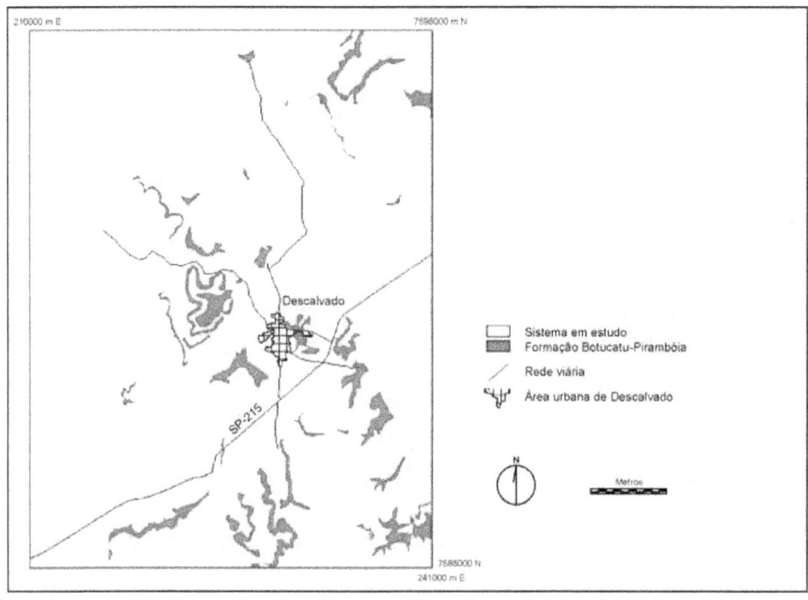

Figura 4.5   Afloramento da formação Botucatu-Pirambóia.

As áreas de afloramento da Formação Botucatu-Pirambóia representam 5,32% do sistema em estudo, ou seja, ocupam 65,9 km² de extensão territorial, estando presentes nos municípios de Descalvado, Porto Ferreira, Santa Rita do Passa Quatro, São Carlos, Analândia e Pirassununga.

Verifica-se que a área urbana de Descalvado está sobre uma das manchas de afloramento da formação Botucatu-Pirambóia.

Outros atributos ambientais protegidos pela criação da APA Corumbataí são a fauna e a flora associadas às áreas de remanescentes de vegetação. Para a análise, confeccionaram-se dois mapas temáticos: o primeiro identificando os remanescentes de vegetação no sistema em estudo, classificando-os em seus tipos de vegetação, conforme Figura 4.6.

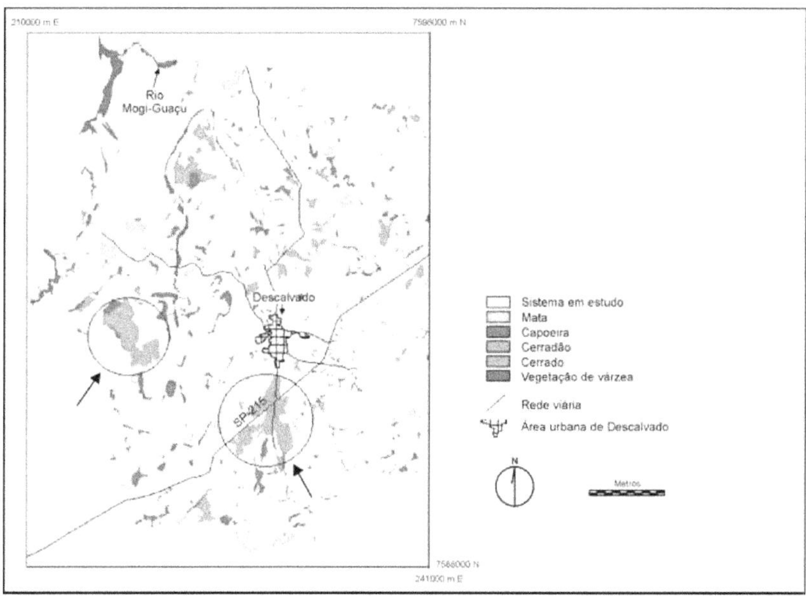

Figura 4.6   Remanescentes de vegetação.

Nota-se, nessa figura, que os fragmentos de vegetação aparecem em praticamente todo o sistema em estudo. No entanto, esses fragmentos possuem tamanho reduzido. Destacam-se dois fragmentos, com tamanho maior, de cerrado, cerradão e capoeira, indicados por setas.

Os remanescentes de vegetação representam, respectivamente, as seguintes porcentagens e extensão territorial, em relação ao sistema em estudo: mata, 0,74% (9,24 km^2); capoeira, 2,57% (31,87 km^2); cerradão, 1,80% (22,39 km^2);

cerrado, 1,46% (18,15 km²); e vegetação de várzea; 1,06% (13,24 km²), totalizando uma área vegetada de 94,89 km² (7,63% do sistema em estudo).

O relatório de macrozoneamento das bacias dos rios Mogi-Guaçu, Pardo e Médio Grande (São Paulo, 1995) indica os dois fragmentos mencionados como interessantes para implantação de unidades de conservação.

O presente trabalho propõe que sejam implantadas nos referidos fragmentos de vegetação UCs de proteção integral, cujo objetivo principal é preservar os recursos naturais, ou seja estabelecida a categoria Reserva Particular do Patrimônio Natural, sem a necessidade de desapropriação, caso sejam áreas de propriedade privada.

O referido relatório, São Paulo (1995), sugere que os remanescentes de vegetação, independentemente de seu tamanho e estado, sejam protegidos, de maneira a favorecer a manutenção da biodiversidade e garantir a conservação dos solos e dos recursos hídricos. Essa sugestão, na medida do possível, foi incorporada neste livro.

Para confecção do segundo mapa temático de vegetação, partiu-se do pressuposto de que as áreas de cerrado contemplam a fauna e a flora específicas dessa região, portanto, por meio da ferramenta *reclass* foram identificadas as áreas de ocorrência desse tipo de vegetação, de acordo com a Figura 4.7.

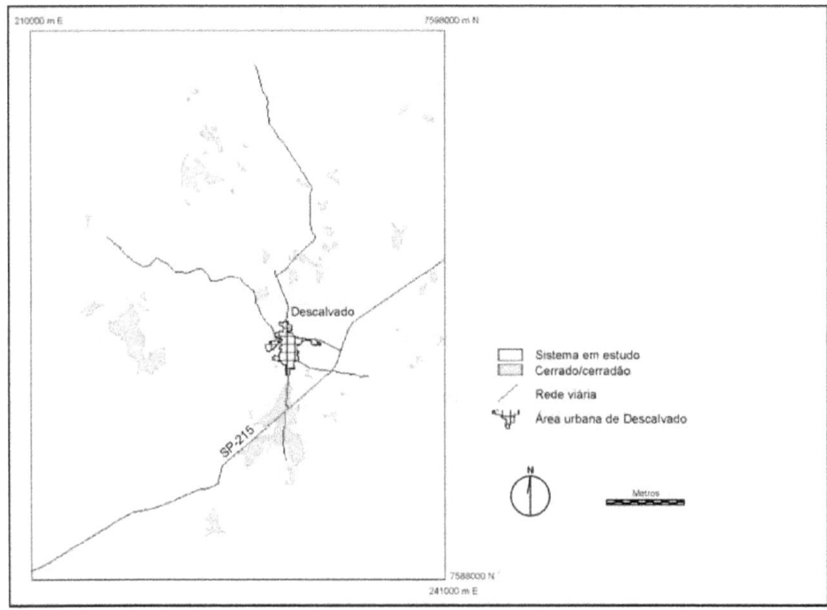

Figura 4.7   Remanescentes de cerrado/cerradão.

Esses fragmentos de vegetação (cerrado/cerradão) representam 40,54 km^2 do sistema em estudo, ou seja, 3,26% do total. Possuem peso maior, diferenciado, se comparados aos demais tipos de vegetação.

Para finalizar, foram identificadas áreas de ocorrência das *cuestas*, escarpas e morros, os quais integram os atributos ambientais a serem protegidos pela APA Corumbataí, conforme Figura 4.8.

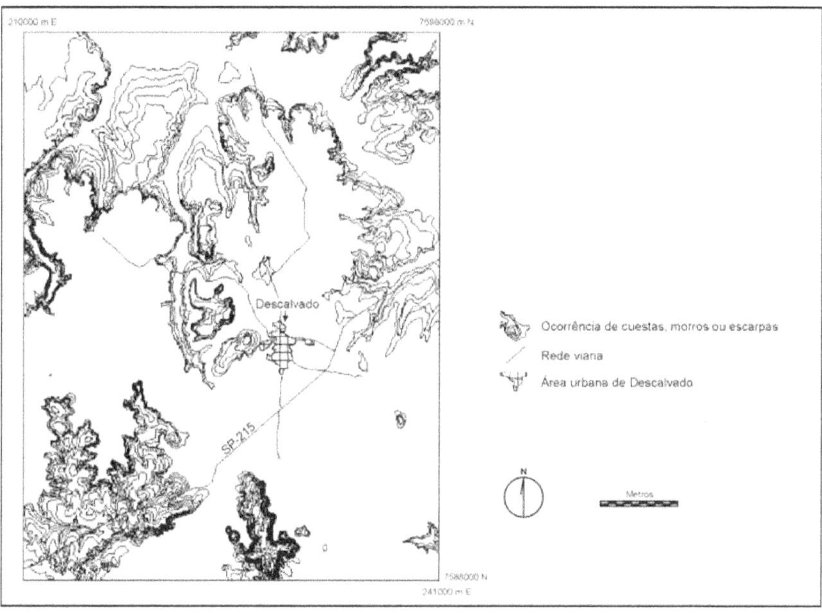

Figura 4.8   Áreas de ocorrência de escarpas, *cuestas* e morros testemunhos.

Condicionantes e parâmetros da análise integrada de recursos

Do ponto de vista da Secretaria do Meio Ambiente/SP (SMA), que define a criação das APAs em âmbito estadual, para que uma área possa se transformar em APA, é necessário que ela seja importante do ponto de vista ambiental e seja frágil (São Paulo, 1992).

Segundo Ferreira (1988), frágil é definido como algo fácil de destruir, pouco durável e transitório. Portanto, fragilidade é qualidade de frágil.

Para Ross (1991), a palavra fragilidade aparece na geografia física, aliada à qualidade dos espaços físicos, normalmente como fragilidade do meio físico.

Levando-se em consideração as prerrogativas da SMA/SP e os atributos ambientais que motivaram a criação da APA Corumbataí, foram considerados dois pressupostos no intuito de delimitar o perímetro da referida unidade de conservação. O primeiro é que todos os atributos possuem a mesma relevância para conservação e, portanto, devem ser preservados. O segundo indica que os atributos possuem hierarquização com base em suas funções ambientais.

Somatório dos fatores ambientais

A partir do primeiro pressuposto, considerou-se a mesma ponderação para os fatores ambientais do sistema em estudo: a) *cuestas*, morros e escarpas; b) recursos hídricos superficiais; c) áreas de afloramento da formação Botucatu-Pirambóia; e d) remanescentes de vegetação (mata, capoeira, cerrado, cerradão e várzea).

O somatório dos fatores significa dizer que o local onde houver a manifestação de qualquer um desses fatores ambientais citados, independente de estar ocorrendo outro, deve ser computado para fins do processo de adição.

Por meio de *overlay* soma, disponível no SIG, dos mapas temáticos referentes aos atributos mencionados, foi confeccionado o cenário de somatório. O procedimento seguiu esta ordem:

- recursos hídricos superficiais + áreas de afloramento da formação Botucatu-Pirambóia, denominado cenário A;

- cenário A + remanescentes de vegetação, denominado cenário B;

- cenário B + mapa temático com ocorrências de *cuestas*, morros e escarpas, denominado cenário C.

Assim, após a soma dos atributos, ou seja, por meio do cenário C, seria feita a delimitação perimétrica da unidade de conservação.

Percebeu-se que a abrangência dessa configuração inviabilizaria o perfil limítrofe da unidade de conservação, uma vez que os atributos ambientais a serem preservados, dentre eles as áreas aflorantes da formação Botucatu-Pirambóia, ultrapassavam fronteiras municipais, alcançando porções territoriais além dos municípios integrantes da APA Corumbataí.

Dessa maneira, em razão das superfícies aflorantes da formação Botucatu-Pirambóia e, também, dos fragmentos de vegetação associados à ocorrência de fauna e flora, a APA seria ampliada para os municípios de Porto Ferreira, ao Leste do sistema em estudo, e Santa Rita do Passa Quatro, ao Norte. Em outras palavras, o traçado limítrofe da APA ocuparia a totalidade da extensão territorial do sistema em estudo.

Portanto, pode-se afirmar que a localização geográfica dos atributos ambientais em si não configura critério de delimitação, uma vez que considerar, exclusivamente, a adição dos atributos ambientais que ensejam a criação de uma unidade de conservação pode ocasionar dimensões de grandeza territorial que extrapolem limites municipais, estaduais e nacionais.

Como a intenção é delinear a unidade de conservação, no caso uma APA, de maneira a contemplar em seu interior os atributos ambientais que ensejam sua criação, com proteção de acordo com os objetivos de manejo, optou-se por proceder mecanismos de sobreposição dos fatores ambientais, com diferentes critérios.

A Figura 4.9 mostra o encaminhamento da análise integrada de recursos, levando em consideração os dois pressupostos para viabilização do traçado de perímetro.

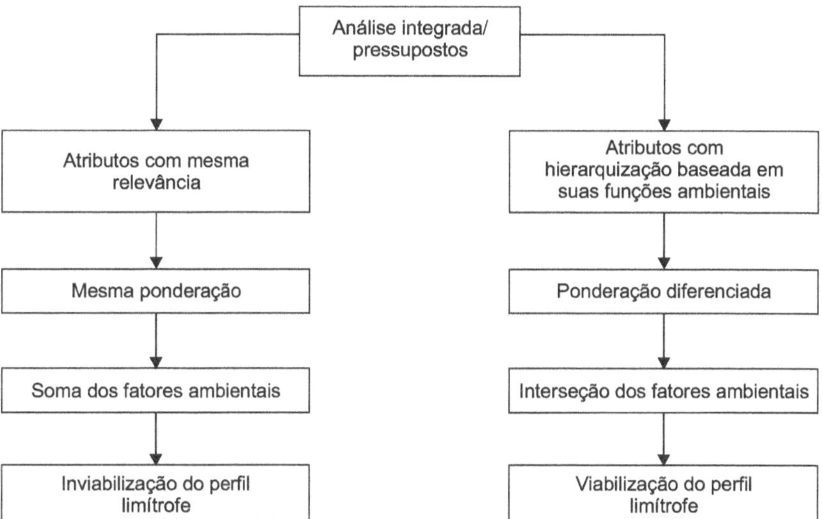

Figura 4.9 Procedimento de análise integrada de recursos.

Interseção dos fatores ambientais

A interseção dos atributos ambientais permite cruzar informações, de maneira a identificar locais que se constituem em áreas frágeis, sob o ponto de vista ambiental, e que podem servir de prováveis delineadores de perímetro de unidades de conservação.

O que se pretende obter com o procedimento de interseção dos atributos ambientais é a identificação, por meio de informação espacializada, da ocorrência desses fatores, no sentido de ordenar a ação de planejamento nos lugares onde estão os recursos ambientais importantes para preservação.

Para efetuar a interseção dos fatores ambientais é necessário ponderar os atributos ambientais que ensejam a criação da APA, segundo os objetivos de proteção de cada caso específico, para, então, proceder os critérios de delimitação utilizando a análise integrada de recursos naturais.

Dessa maneira, em conformidade com o segundo pressuposto (Figura 4.9), para consideração inicial do estudo de caso elegeram-se diversos aspectos do sistema em estudo, como: 1. a função ambiental de manutenção de fauna e flora, identificados os fragmentos de vegetação, por meio do mapa temático da vegetação, contendo os tipos de vegetação; 2. a função ambiental de proteção dos recursos hídricos superficiais e subterrâneos, por meio do mapa temático de corpos hídricos superficiais e áreas aflorantes da formação Botucatu-Pirambóia; e, finalmente, 3. a função ambiental de preservação das escarpas, *cuestas* e morros testemunhos, os quais são lugares de nascentes de corpos d'água, abrigo de fauna e flora específica e, ainda, de conservação de solos.

Com base nas funções ambientais dos atributos mencionados, atribuiram-se pesos maiores a alguns fatores ambientais, de maneira que houvesse por princípio a manutenção da qualidade ambiental do sistema em estudo, em consonância com a pretendida para a região. Esses fatores representam valores de grande importância para a proteção dos recursos naturais e o desenvolvimento sustentável da área.

Assim, em virtude das especificidades das funções ambientais comentadas anteriormente, os atributos ambientais eleitos para o procedimento de análise foram: áreas de cerrado/cerradão associadas à fauna e à flora; áreas aflorantes da formação Botucatu-Pirambóia, áreas de *cuestas*, morros e escarpas; recursos hídricos superficiais e fragmentos de vegetação.

O procedimento, a seguir, é fundamentado na interseção dos atributos ambientais, no entanto, os fragmentos de vegetação do sistema em estudo, em virtude de sua relevância para conservação de solos e recursos hídricos, bem como em virtude de serem abrigo de fauna e flora, são considerados atributos a serem somados no cenário ambiental de preservação, a fim de, na medida do possível e observando cada caso, inserir esses fragmentos de vegetação no espaço territorial protegido.

Dessa maneira, foi realizada a interseção do mapa temático de vegetação de cerrado/cerradão com o mapa temático de áreas aflorantes da formação Botucatu-Pirambóia, cujo resultado pode ser observado na Figura 4.10. O cenário 1 permite constatar áreas onde houve sobreposição da vegetação de cerrado e cerradão sobre áreas aflorantes da formação Botucatu-Pirambóia. A importância desse resultado diz respeito à identificação de porções territoriais cuja preservação favorece a manutenção da função ambiental de proteção dos recursos hídricos subterrâneos.

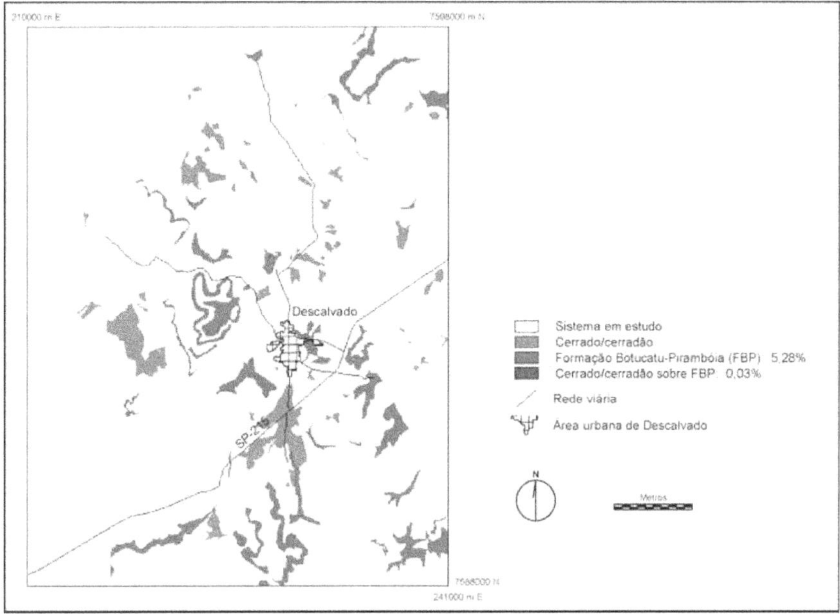

Figura 4.10   Cenário 1.

Percebe-se que são pouquíssimas as áreas em que houve sobreposição entre os dois fatores. Representam 0,43 km² ou 0,03% do sistema em estudo. Em outras palavras, há poucas áreas de cerrado ou cerradão sobre as áreas aflorantes da formação Botucatu-Pirambóia, que possuem 65,55 km², ou seja, 5,28% do total.

Dando prosseguimento ao cruzamento de informações, foi realizada a sobreposição do cenário 1 com o mapa temático de recursos hídricos superficiais. A configuração do mapa resultado é ilustrada na Figura 4.11.

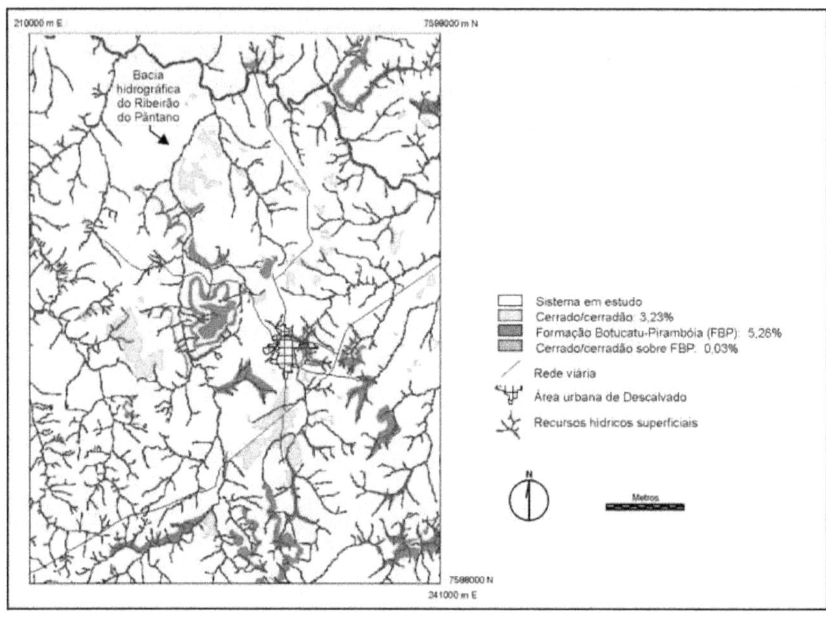

Figura 4.11   Cenário 2.

O cenário 2 permite visualizar áreas onde se constata a presença de recursos hídricos superficiais sobre manchas de afloramento da formação Botucatu-Pirambóia, que tem função de recarga do aqüífero subterrâneo. Essas áreas, portanto, têm relevância na priorização para conservação.

Nota-se que algumas nascentes estão localizadas em áreas de vegetação de cerrado/cerradão, o que indica que também são áreas importantes do ponto de vista da conservação ambiental.

Percebe-se que a bacia hidrográfica do Ribeirão do Pântano, indicada na Figura 4.11 por uma seta, é estratégica do ponto de vista de proteção, uma vez que alimenta várias áreas de recarga do aqüífero subterrâneo.

Posteriormente, efetuou-se o cruzamento das informações do cenário 2 com áreas de ocorrência de *cuestas*, morros e escarpas, cujo resultado pode ser visualizado na Figura 4.12, por meio do cenário 3.

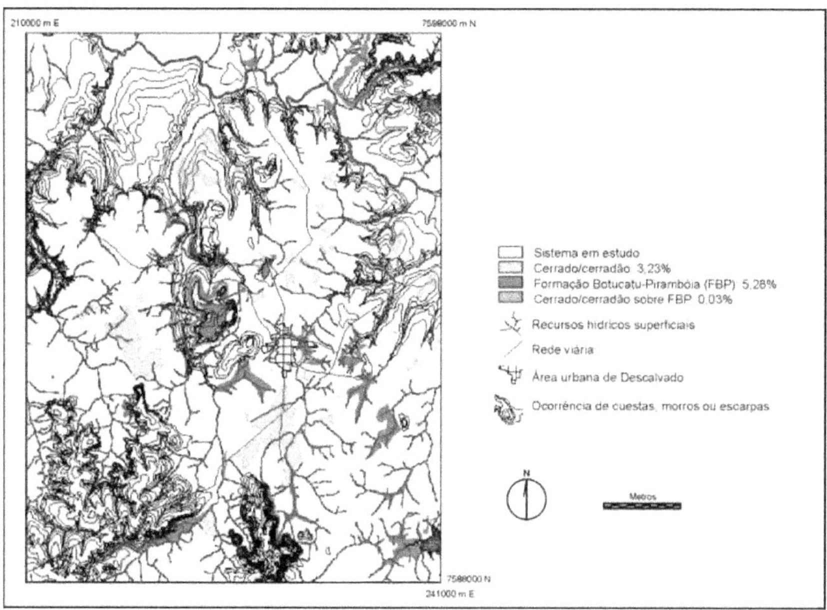

Figura 4.12   Cenário 3.

A configuração do cenário 3 permite verificar que os atributos ambientais que motivaram a criação da APA Corumbataí apresentam superposição entre si, com maior ênfase na porção central e sul do sistema em estudo.

Para efetuar a delimitação da APA Corumbataí, efetuou-se a sobreposição do cenário 3 com o mapa temático dos fragmentos de vegetação, por meio de *overlay* soma, a fim de identificar áreas vegetadas próximas a áreas em que houve sobreposição dos atributos ambientais analisados. Para essa sobreposição, a ponderação dos diferentes tipos de vegetação (mata, capoeira e várzea) foi a mesma. A Figura 4.13 mostra a configuração desse resultado.

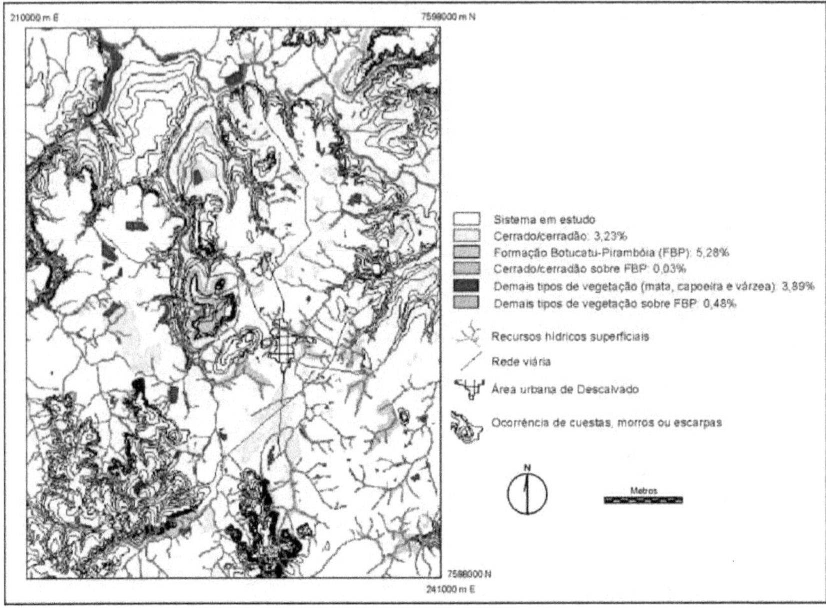

Figura 4.13   Cenário 4.

Pode-se verificar, por meio da Figura 4.13, que os fatores intervenientes para delimitação de perímetro são: a) áreas de superposição dos recursos hídricos superficiais sobre áreas de afloramento da formação Botucatu-Pirambóia (FBP); b) áreas de superposição de vegetação (cerrado, cerradão, mata, capoeira ou várzea) sobre áreas de afloramento da FBP; c) áreas de nascentes em morros, encostas e *cuestas*; e d) áreas vegetadas localizadas próximas aos itens anteriores.

Assim, tem-se um cenário cuja configuração serviria de parâmetro ou base técnica para viabilizar a delimitação da Área de Proteção Ambiental. Por se tratar da categoria APA, cujo objetivo de conservação permite a utilização econômica por intermédio de atividades de baixo impacto, desde que estas sejam compatíveis com a manutenção da qualidade ambiental requerida para o espaço, pode-se iniciar a delimitação seguindo os divisores das sub-bacias hidrográficas de interesses, onde as respectivas Áreas de Preservação Permanente dos recursos hídricos superficiais devem ser incluídas no perímetro.

A Figura 4.14 mostra a delimitação da unidade de conservação, efetuada manualmente, observadas as considerações anteriormente expostas, ou seja, levando em conta os fatores intervenientes e a existência de fragmentos de vegetação próximos a eles.

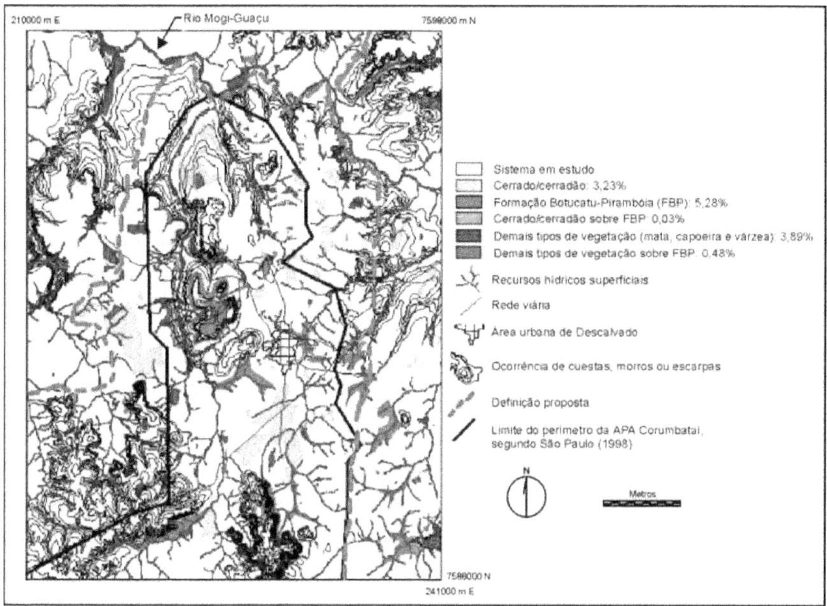

Figura 4.14   Proposta de definição perimétrica.

Observe que houve a preocupação de que a maior área possível de ocorrência de interseção de dois ou mais atributos ambientais fosse incluída no perímetro. O traçado do perímetro considera todos os fatores intervenientes e não apenas as áreas onde ocorreram sobreposições concomitantes de todos os atributos de interesse para conservação.

Também há a consideração de que, na medida do possível, sejam incluídos os diversos fragmentos de vegetação, com ordem hierárquica de prioridade para ocorrência de cerrado/cerradão e depois os demais tipos de vegetação, além da preocupação de incluir o perímetro de sub-bacias hidrográficas de interesse, sendo que um dos elementos demarcadores seriam vertentes, como no caso do Rio Mogi-Guaçu, indicado por uma seta na Figura 4.14.

Essa proposição assemelha-se à proposta contida em São Paulo (1998), diferenciando-se na porção Nordeste do sistema em estudo, bem como em sua porção Sudoeste, segundo o qual, os limites da APA seguem o traçado viário, conforme a Figura 4.14. Na realidade, a opção de utilizar estrada como delimitador da unidade de conservação, segundo Azevedo et al. (1990), justifica-se pela facilidade em identificar seu perímetro visualmente, por meio de um elemento físico.

No entanto, se por um lado a visualização do elemento indicador de divisa da unidade de conservação é facilitada, por outro, negligencia-se a necessidade de proteção dos atributos ambientais que ensejam a criação desse espaço territorial protegido, como é o caso da porção Sudoeste do sistema em estudo, onde há diversas nascentes em áreas de encostas.

Dessa maneira, o perímetro da APA Corumbataí seria estendido a fim de garantir a manutenção da qualidade ambiental requerida pela sociedade e pelo poder público para a região, incluindo como parte integrante da unidade de conservação o perímetro urbano do município, nesse caso, a cidade de Descalvado.

No que diz respeito às restrições impostas aos proprietários, no sentido de disciplinar o uso e a ocupação do solo no interior do perímetro, pode-se afirmar que, nas áreas onde houve interseção dos atributos ambientais, as imposições unilaterais formuladas por quaisquer dos três entes da Federação devem incentivar práticas conservacionistas, coibir ações de degradação ambiental e permitir usos ou atividades econômicas, desde que sejam compatíveis com a proteção dos recursos naturais.

Essas restrições devem ser observadas pelos agentes públicos ou privados, urbanos ou rurais, cuja conduta e disciplinamento do uso do solo é encargo do poder público municipal, observadas as diretrizes da APA.

Capítulo 5

Procedimento metodológico de delimitação da Área de Proteção Ambiental

Em relação à delimitação de uma Área de Proteção Ambiental (APA), algumas considerações são necessárias:

- A localização geográfica em si dos atributos ambientais que ensejam a criação da APA no sistema em estudo não se configura em critério de delimitação dessa categoria de unidade de conservação (UC).

- As áreas onde se constatou interseção de dois ou mais atributos ambientais são possíveis indicadores para delimitação da UC.

- As áreas e os perímetros urbanos que estejam entre as áreas de interseção de dois ou mais atributos ambientais devem ser considerados pertencentes à UC, notadamente no caso da categoria Área de Proteção Ambiental. Em relação à exclusão do perímetro urbano dos municípios que integram uma APA, pode-se dizer que isso contraria a identidade da categoria de unidade de conservação, pelo fato de isolar das diretrizes gerais de regulamentação áreas onde os conflitos decorrentes do uso e ocupação do solo são mais intensos. Há, ainda, o aspecto da expansão urbana, que se tornaria um problema, no médio e no longo prazo, no que concerne ao atendimento da necessidade de proteção ambiental, notadamente dos atributos ambientais que motivam a criação de APA.
Acredita-se que a inclusão do perímetro urbano nesse tipo de espaço territorial protegido contribuiria para que fosse observada, em âmbito legislativo e executivo municipal, a compatibilização do ordenamento do solo urbano à proteção dos recursos naturais e, conseqüentemente, facilitaria a gestão ambiental de uma Área de Proteção Ambiental.

- Após a interseção dos atributos que ensejam a criação da unidade de conservação, é necessário cruzar esse cenário com as demais áreas vegetadas ou fragmentos de vegetação para, na medida do possível e observando cada caso, inserir esses fragmentos de vegetação, bem como as áreas a serem reconstituídas, no espaço territorial protegido.

Dessa maneira, resumidamente, pode-se afirmar que, como proposta para delimitação da categoria APA deve-se observar o seguinte procedimento:

1. Recorte amplo de área, considerando os atributos ambientais que motivam a criação da APA para, a partir disso, realizar os ajustes necessários no sistema em estudo.

2. Identificação da ocorrência de atributos ambientais que se deseja proteger em áreas onde é permitido e desejável o desenvolvimento econômico de atividades dentro dos limites de capacidade de suporte dos ecossistemas naturais.

3. Ponderação dos atributos ambientais que motivam a criação da unidade de conservação, no sentido de hierarquizar prioridades para preservação. Essa etapa, por ser subjetiva, deve ser motivada com a participação da sociedade e acompanhada por profissionais de diversos ramos do conhecimento.

4. Localização espacial desses atributos ambientais dentro do sistema em estudo, separando-os em mapas temáticos de acordo com a relevância apontada no item anterior.

5. Cruzamento de informações espacializadas, por meio de análise integrada dos recursos ambientais.

6. Identificação das áreas de ocorrência de interseção dos atributos ambientais que motivam a criação da unidade de conservação.

7. Priorização de divisores de bacias hidrográficas como delimitadores da unidade de conservação, garantindo que em seu interior seja contemplado o maior número possível das áreas anteriormente mencionadas.

8. Identificação de elementos físicos, por exemplo, vertentes como divisas da unidade de conservação, incluindo em seu perímetro, por meio da legislação que a criou ou regulamentou, as Áreas de Preservação Permanente instituídas pelo Código Florestal.

Algumas etapas desse procedimento, de caráter técnico, devem ser submetidas à aprovação pública, uma vez que essa categoria de unidade de conservação costuma ocorrer em áreas densamente ocupadas e seu propósito, em linhas gerais, é permitir o desenvolvimento sustentável da área.

Dessa maneira, a sociedade civil deve expor quais atributos ambientais deseja conservar em uma Área de Proteção Ambiental, devendo ser ouvidos diversos segmentos dessa sociedade, uma vez que indivíduos diferentes possuem percepções diferenciadas do meio que os cerca. Portanto, o conhecimento da população envolvida em relação aos bens naturais deve ser incorporado como informação valorosa tanto para a identificação dos atributos quanto para sua ponderação.

Essa consideração do saber local em relação aos recursos naturais de seu território implicaria ganhos substanciais no que concerne à manutenção da biodiversidade e da qualidade ambiental da área, bem como minimizaria os conflitos potenciais em relação ao uso e à ocupação do solo.

A sociedade civil também deve ser consultada antes da etapa de tomada de decisão, na qual o poder público viabiliza o traçado limítrofe da unidade de conservação – lembrando que cabe aos três entes da Federação a criação e a implementação da categoria APA – como forma de garantir que a proposta espelhe suas expectativas (sejam econômicas, políticas, culturais ou sociais), aliadas à necessidade de proteção dos recursos ambientais.

A Figura 5.1 mostra a sistematização da metodologia adotada na delimitação de perímetro da categoria APA.

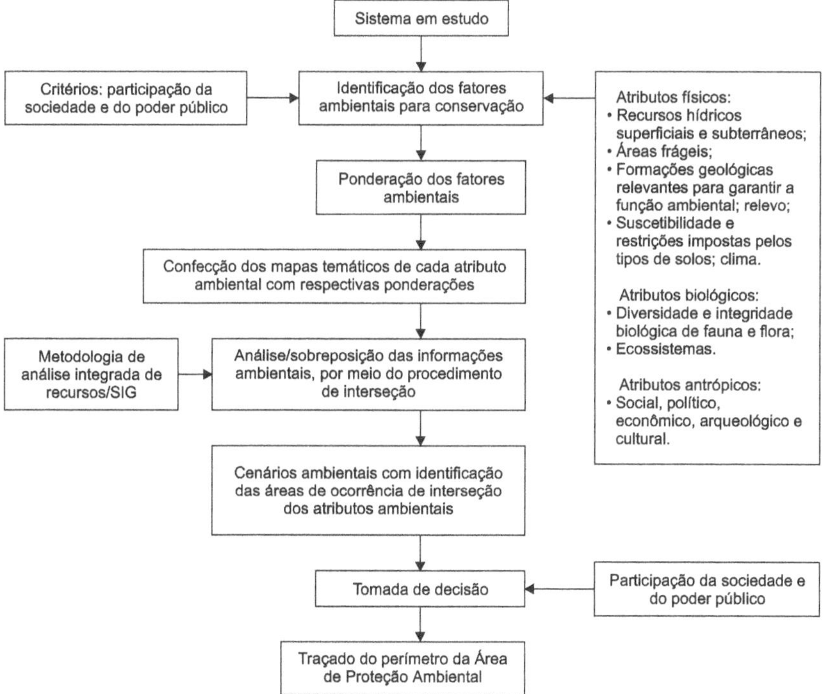

Figura 5.1   Procedimento metodológico de delimitação da categoria APA.

Portanto, o perímetro de uma Área de Proteção Ambiental deve admitir a participação da sociedade civil como integrante essencial do processo; atender à proteção dos recursos ambientais que se deseja conservar; permitir adequado manejo e gestão da área; e, também, viabilizar o desenvolvimento sustentável desse espaço territorial protegido, como maneira de garantir que o objetivo dessa categoria de unidade de conservação seja plenamente satisfeito, em dimensão intra e intergeracional.

Cabe ressaltar que o ZA ou ZEE é um dos instrumentos da Política Nacional do Meio Ambiente que mais pode auxiliar na delimitação das ocorrências dos fatores ambientais a serem preservados pela APA. Inclusive, o próprio banco de dados gerado para a consecução do ZEE poderá ser utilizado na execução dos estudos de delimitação do perímetro da APA, contemplada a ponderação dos critérios específicos que levam à constituição dessa APA.

Capítulo 6

Considerações

Por se tratar de uma categoria de unidade de conservação tão particular, como é o caso da Área de Proteção Ambiental (APA), cujo objetivo é compatibilizar a proteção dos atributos ambientais com o desenvolvimento econômico, acredita-se em sua potencialidade como instrumento viável na concretização da conservação dos recursos naturais e no fortalecimento do almejado desenvolvimento sustentável.

Para o estabelecimento de Áreas de Proteção Ambiental, o ser humano deve ser incluído em seu processo de planejamento, uma vez que interage, em todas as suas atividades, com o meio ambiente. O saber local da sociedade civil em relação aos atributos ambientais de seu território implicaria ganhos substanciais tanto na definição da área como na implementação e na gestão, na medida em que serviria de parâmetro para conciliação dos conflitos decorrentes do uso e da ocupação do solo.

O presente trabalho permitiu que se estabelecessem as seguintes considerações:

- A APA é um instrumento da política ambiental, cujos critérios de delimitação devem obedecer às especificidades locais e ao grau de proteção dos atributos ambientais, em seu tríplice aspecto: 1. antrópico (social, econômico, político, arqueológico e cultural); 2. físico; e 3. biológico, que motivam sua criação.

- Os resultados obtidos no estudo de caso forneceram uma contribuição ao estabelecimento da categoria APA, com proposição metodológica baseada na ponderação dos atributos ambientais que ensejam sua criação e no procedimento de análise integrada de recursos naturais.

- O procedimento metodológico proposto neste livro permite a constante retroalimentação do processo de delimitação de perímetro, notadamente por incluir na tomada de decisão a participação da sociedade civil em conjunto com o poder público.

Como sugestão, recomenda-se o estudo de critérios de delimitação para o estabelecimento de outras unidades de conservação brasileiras como contribuição ao planejamento de áreas prioritárias para preservação, em razão da inexistência de critérios, conforme mencionado neste livro, inclusive no Sistema Nacional de Unidades de Conservação da Natureza, e, ainda, pelo fato de, além da APA, outras categorias serem bastante específicas do sistema brasileiro, como, por exemplo, as Reservas de Desenvolvimento Sustentável, inseridas no grupo de Uso Sustentável.

Recomenda-se também que as APAs, instituídas em âmbito nacional que ainda não foram regulamentadas e que permitam revisão em decreto ou lei de criação, sejam submetidas à revisão de seu perímetro segundo algum método que incorpore a participação da sociedade e do poder público nos moldes propostos pelo presente trabalho, a fim de proceder as correções necessárias de supressão ou inclusão de áreas em seu perímetro ou outros ajustes necessários.

Modelos de preservação e conservação dos recursos naturais no Hemisfério Norte

Este apêndice apresenta modelos de preservação e conservação dos recursos naturais em alguns países do Hemisfério Norte, como forma de reconhecer semelhanças e diferenças entre esses modelos, notadamente em virtude das especificidades políticas, sociais e econômicas encontradas. Entretanto, países como os Estados Unidos, com modo de produção capitalista, de alguma maneira influenciaram os modelos de preservação preconizados no mundo, inclusive o brasileiro.

Dentro da visão capitalista atual, a qual projeta as civilizações para o caminho da urbanização e da industrialização, desenvolvendo dia-a-dia novas tecnologias e adquirindo novos conhecimentos científicos, o ser humano, relembrando seu imaginário místico da utopia do paraíso perdido, sente a necessidade de ter a sua volta áreas naturais, permitindo contato mais íntimo com o meio.

O modelo de criação de áreas naturais protegidas, nos Estados Unidos, constitui-se numa das políticas conservacionistas mais utilizadas pelos países em desenvolvimento, inclusive o Brasil (Diegues, 1994). O pressuposto de conservação desse modelo tem por base a exclusão do ser humano das áreas protegidas, atribuindo a ele os efeitos negativos ambientais que ocorrem nessas áreas.

O mito do paraíso, concretizado em áreas protegidas intocáveis de beleza ímpar, traduzido notadamente pelas unidades de conservação de uso indireto, como parques, é no mínimo questionável, uma vez que não se concebe, dentro da conjuntura político-econômica atualmente vigente, dissociar a natureza e o desenvolvimento econômico. Ademais, as críticas ao modelo norte-americano de áreas naturais protegidas, nos moldes de *Yellowstone*, são procedentes, notadamente quando se enfatiza a nocividade da presença humana no interior dessas áreas, esquecendo-se, equivocadamente, de que o ser humano faz parte da natureza e, portanto, é inerente a todo o sistema.

Assim, há discussão em torno do que seria ideal para a conservação dos recursos naturais entre unidades de conservação de proteção integral e de uso sustentável no mundo inteiro, sendo apresentados argumentos contra e a favor.

Sarkar (2000) é favorável à interação Homem-habitat como método ideal de conservação da diversidade biológica; critica o modelo norte-americano de exclusão dos residentes nativos e a negação de sua história. O referido autor aponta três explicações para a expulsão das tribos indígenas, na América do Norte, e a classificação de suas terras ocupadas como anteriormente desabitadas:

1. as doenças introduzidas pelos europeus precipitaram o declínio dos indígenas, levando ao abandono das terras anteriormente ocupadas por eles;

2. os europeus estavam tão interessados em ocupar essas terras que ignoraram os óbvios sinais de ocupação e usos anteriores;

3. como resultado de uma visão racista, segundo a qual os indígenas eram vistos como não-humanos ou subumanos, os colonos consideraram que as terras que ocupavam não pertenciam a humanos.

Freitas (1997) ressalta que, ao contrário do que se pensa, o termo protegido, quando aplicado às áreas naturais, não significa não ser tocado. Pelo contrário, significa que a área deve ser provida de algumas formas de segurança e proteção legal, que limitem seu uso de maneira compatível aos objetivos da área protegida.

A concepção de áreas naturais protegidas tem a idéia central de proteger a vida selvagem (*wilderness*), enquanto mundo natural em seu estado primitivo, sem a intervenção antrópica. A valorização do mundo natural e selvagem, ressalva Corbin (1989), remonta aos escritores românticos do século XIX, que fizeram da "natureza selvagem" o lugar da descoberta humana, do imaginário do paraíso perdido cristão, do refúgio e da intimidade, da beleza e do sublime.

Em 1º de março de 1872, o Congresso dos Estados Unidos criou o Parque Nacional de *Yellowstone*, cuja região preservada foi proibida de ser ocupada, sendo permitido ao público a visitação e a recreação.

Diegues (1998) critica o modelo dos parques nacionais norte-americanos por não respeitar a existência de comunidades anteriores à concepção das áreas protegidas e, ainda, por proibir e coibir a manutenção dessas comunidades em seu local original.

Kempf (1993) também critica a exportação do modelo do parque nacional norte-americano para outras regiões que possuem culturas e ambientes diversos: "em conformidade com o 'modelo *Yellowstone*' foram criadas muitas áreas preservadas, destinadas à recreação pública, sem moradores e sem uso dos recursos naturais. A beleza exuberante de *Yellowstone* e muitas características naturais, como o maior lago de montanha nos Estados Unidos, seus *geysers*, cachoeiras, picos cobertos de neve e fauna abundante, motivaram a criação de milhares de parques em todo o mundo. Durante anos os administradores lutaram para criar parques baseados no modelo *Yellowstone* e transferiram moradores, freqüentemente de maneira forçada, de áreas em que tinham vivido por séculos".

Diegues (2000) afirma que o modelo norte-americano apresenta duas características: a natureza, para ser conservada, deve estar separada das sociedades humanas; e a noção de mundo selvagem (*wilderness*) estabelece que a natureza selvagem somente pode ser protegida quando separada do convívio humano.

Outra crítica ao modo de preservação de áreas naturais do modelo *Yellowstone*, que privilegia a beleza cênica das paisagens, é a discriminação de áreas de valor ambiental menos "nobres" como mangues, pântanos, entre outros, que são comprovadamente essenciais ao funcionamento dos ecossistemas. Para Diegues (1998), a corrente preservacionista que serviu de ideologia para o movimento conservacionista norte-americano vê nos parques nacionais a única forma de salvar fragmentos da natureza, de grande beleza, dos efeitos destrutivos do desenvolvimento urbano e industrial. Nessa perspectiva, qualquer intervenção humana na natureza é intrinsecamente negativa. O autor lembra que a transposição do modelo *Yellowstone* de parques sem moradores vindos dos países industrializados e de clima temperado para países em desenvolvimento, cujas florestas remanescentes foram e continuam sendo, em grande parte, habitadas por populações tradicionais, está na base não só de conflitos insuperáveis, mas de uma visão inadequada de áreas protegidas.

Sarkar (2000) é convicto de que parques nacionais não funcionam sem o apoio local. Mesmo porque o modelo norte-americano, diferentemente do que ocorre no Brasil, é marcado por fortes instituições públicas responsáveis pelo sistema de unidades de conservação, as quais disputam entre si atribuições, recursos orçamentários e reconhecimento na comunidade e na estrutura política.

A criação e o manejo das unidades de conservação nos Estados Unidos seguem as características e os interesses institucionais de cada uma delas em detrimento de quaisquer conceitos técnicos de categorias de manejo (Milano, 2000).

Após a criação de *Yellowstone*, vários países criaram seus parques no mesmo molde. O Canadá criou seu primeiro parque em 1885, a Nova Zelândia, em 1894, e a África do Sul e a Austrália, em 1898. Copiando o modelo de parque nacional sem população residente, o México estabeleceu sua primeira reserva florestal em 1894, a Argentina, em 1903, o Chile, em 1926 (Diegues, 1998), e o Brasil, em 1937.

No caso brasileiro, seguindo o modelo norte-americano, o Parque Nacional do Itatiaia, localizado entre os Estados do Rio de Janeiro e de Minas Gerais, foi a primeira área do País a constituir oficialmente uma unidade de conservação, a fim de, com isso, preservar seu rico patrimônio biótico e geomorfológico. Essa unidade de conservação foi criada pelo Decreto Federal nº 1.713, de 14 de junho de 1937.

Áreas protegidas – Estados Unidos

Quando foi colonizada pelos europeus, a América do Norte apresentava vastos e intocados recursos naturais. Os norte-americanos nativos (índios) tinham relação compatível com a capacidade de suporte do meio ambiente, cuja vida, religião e cultura eram dependentes. Por inúmeras gerações as áreas sagradas foram respeitadas pelas tribos, sua entrada proibida e atividades como pesca e caça restringidas. Alguns locais continuam com a mesma filosofia (Gattuso, 1991).

Acredita-se que a evolução do conceito de áreas protegidas teve início no Estado da Geórgia, que definiu uma reserva para uso público no início de 1825. No entanto, há evidências de que a história dos parques tenha se iniciado no Estado de Massachusetts, em 1641.

A conservação dos parques teve início em 30 de junho de 1864, quando o presidente Abraham Lincoln assinou a lei instituindo que o vale *Yosemite* e o Bosque Mariposa de Gigantes Sequóias seriam reservados a "uso público, turístico, recreação... inalienável para sempre". Pouco tempo depois, em 1º de março de 1872, *Yellowstone* foi declarado parque nacional, aceito como o primeiro parque nacional do mundo. Politicamente, o *Yellowstone* representou a transição, nos Estados Unidos, de uma federação de estados separados para uma nação unida (WCMC, 2000a).

Nos Estados Unidos, os sistemas de áreas protegidas possuem complexos programas e a legislação para conservação das áreas protegidas é encontrada em âmbito federal e estadual. A legislação concernente às áreas protegidas é coberta por atos de organismos singulares ou séries de leis emitidas pelo Congresso, dando a jurisdição das áreas protegidas para agências específicas. Esses atos orgânicos impõem às agências determinadas áreas de responsabilidade para uma completa série de leis pertinentes a áreas protegidas. Essas áreas de responsabilidade têm sido agrupadas em sistemas como o *National Park System* (Sistema Nacional de Parque), o *National Wilderness Preservation System* (Sistema Nacional de Preservação da Vida Selvagem), o *National Forest System* (Sistema Nacional de Floresta), o *National Wild and Scenic Rivers System* (Sistema

Nacional de Rios Cênicos e Selvagens), o *National Marine Sanctuary Code/ National Estuarine Research Reserves System* (Sistema Nacional de Reservas e Pesquisas Estuarinas) e o *National Wildlife Refuge System* (Sistema Nacional de Refúgio Silvestre) (Cutrera, 1991; WCMC, 2000a).

Cada um dos 53 Estados americanos possui seu próprio sistema estadual de parque com, ao menos, uma agência de gerenciamento de áreas protegidas. Além de coordenar programas de proteção à flora, à fauna e a seus habitats, pelo estabelecimento de parques ou outras categorias de unidades de conservação. O primeiro programa data de 1951, embora haja variação de um Estado para outro (Myers & Green, 1989).

Dentro do Sistema Nacional de Parque há três amplas categorias:

1. Sítios naturais, nos quais há distintos tipos de unidades de conservação: parque nacional, monumento nacional, reserva nacional e preservação nacional.

2. Sítios recreacionais, que são as áreas de recreação nacional, áreas costeiras nacionais, lagos nacionais, trilha cênica nacional, rio nacional e rio selvagem e cênico nacional.

3. Sítios históricos, que contemplam os sítios históricos nacionais, o parque histórico nacional e o campo de batalha (*batllefield*) nacional.

Todas as áreas são estabelecidas por Atos do Congresso. Outros tipos ou categorias de áreas protegidas, em terras públicas, são administradas pelo *Bureau of Land Management* (BLM), dentre elas estão áreas cênicas, áreas de interesse ambiental, trilhas, áreas naturais, áreas de pesquisa naturais, áreas de manejo recreacional especial, estradas e cavernas significativas.

O Sistema Nacional de Parque, como um todo, abraça duas missões: fornecer para acesso público as áreas históricas e naturais e conservar seu cenário e recursos naturais. Dentro dos parques há zoneamento classificando o tipo de uso: zona histórica, zona natural, zona de desenvolvimento e zona de usos especiais.

As áreas selvagens (*wilderness areas*) são administradas para uso e aproveitamento atual e das futuras gerações. São áreas em que o ser humano não pode permanecer, sendo, portanto, apenas um visitante. Essas áreas estão sob responsabilidade do Sistema Nacional de Preservação da Vida Selvagem e são de domínio federal.

Sob responsabilidade do Sistema Nacional de Floresta estão as seguintes categorias:

1. Áreas cênicas, lugares de beleza excepcional que requerem manejo especial para preservar suas qualidades.

2. Áreas paleontológicas, que contêm relíquias de espécies da fauna e flora.

3. Áreas geológicas, que possuem características únicas, como cavernas e fósseis.

4. Áreas botânicas, que contêm espécies endêmicas de plantas que são significativas por uma série de razões.

5. Áreas zoológicas, que contêm evidências autênticas e significativas da herança natural norte-americana.

Mesmo possuindo grande superfície protegida no sistema público, os Estados Unidos também possuem amplo sistema de reservas particulares, sendo as organizações não-governamentais *The Nature Conservancy* (TNC) e *The Trust for Public Lands* responsáveis pela proteção de cerca de 3,3 milhões de hectares (Wayburn, 1992; Maury, 1994). Além disso, muitas universidades públicas e privadas possuem áreas protegidas próprias, no intuito de serem utilizadas, notadamente, para pesquisa e ensino (Morsello, 1999).

Se comparadas às categorias existentes no sistema brasileiro de áreas protegidas, as UCs de domínio privado, nos Estados Unidos, são semelhantes à categoria Reserva Particular do Patrimônio Natural (RPPN).

Em relação à conceituação das categorias de unidades de conservação no grupo de preservação (uso indireto) ou conservação (uso direto), há dificuldade em defini-la pelo fato de não existirem subsídios na literatura consultada que possam auxiliar nessa conceituação. No entanto, pode-se dizer que o modelo norte-americano baseia-se, fundamentalmente, no grupo de preservação, ou seja, do uso indireto dos recursos naturais.

Áreas protegidas – Alemanha

Uma das primeiras áreas protegidas foi *"Teufelsmauer"* (Muralha do Diabo), em 1852. Até o final da década de 1860 não havia organização central para o estabelecimento de unidades de conservação e as reservas declaradas por volta de 1910 eram selecionadas, mais ou menos por acaso, por meio dos esforços de pessoas ou organizações privadas. O primeiro parque nacional foi declarado em 1969.

Atualmente, as categorias de unidades de conservação, os procedimentos para seu estabelecimento e as responsabilidades de conservação da natureza são amplamente definidas pela legislação estadual (*Länder*). No entanto, há condições legislativas gerais de conservação em nível federal (*Bund*) e este tem o direito de estabelecer atos como a estrutura de legislação estadual (IUCN, 1987).

WCMC (2000b) admite que, provavelmente, a mais importante lei federal Alemã concernente às unidades de conservação é o Ato Federal de Proteção à Natureza, de 20 de dezembro de 1976 (adotado pelos novos *Länder* (estados) em 1990), que fornece a estrutura legislativa para os *Länder*. A seção IV denomina as diferentes categorias de unidades de conservação: Reservas Naturais (*Naturschutzgebiet*), Parques Nacionais (*Nationalpark*), Área de Proteção de Paisagem (*Landschaftsschutzgebiet*), Parque Natural (*Naturpark*), Monumento Natural (*Naturdenkmal*) e Parte Protegida de Paisagem (*Gesschützter Landschaftsbestandteil*); e, ainda, autoriza os diferentes *Länder* a designar e registrar suas próprias áreas protegidas (Cutrera, 1991).

As Reservas Naturais são criadas com o objetivo de conservar a biota, algumas espécies selvagens da fauna e da flora, em razão da singularidade ou da particular beleza desses espaços. As ações que possam causar dano ambiental são proibidas, sendo permitida a visitação pública.

A categoria Parque Nacional possui a mesma proteção garantida pelas Reservas Naturais. São criados com o propósito de proteger a maior variedade possível de espécies de fauna e flora, portanto, ocupam extensão territorial maior do que a categoria anteriormente mencionada e possuem caráter preservacionista.

Em relação à Área de Proteção de Paisagem, essa categoria tem o intuito de preservar ou restaurar o balanço natural, ou preservar e restituir o uso dos recursos naturais. São proibidas ações que alterem as características naturais da paisagem.

Os Parques Naturais, geralmente, apresentam grandes dimensões e consistem na proteção de reservas da natureza e da paisagem, sendo utilizados para fins recreacionais em razão de seus atributos naturais. São planejados, estruturados e desenvolvidos de acordo com o objetivo recreacional.

Os Monumentos Naturais constituem espaços de proteção por razões científicas, de história natural ou de herança nacional, por sua singularidade e beleza, podendo possuir áreas de entorno com características de conservação.

Finalmente, os *Geschützter Landschaftsbestandteil* são áreas ou objetos designados como partes especificamente protegidas da natureza ou da paisagem, no sentido de salvaguardar o balanço natural ou preservar o cenário ambiental de uma comunidade de influências devastadoras (Cutrera, 1991).

Atualmente, as áreas existentes ou as áreas de potencial interesse para conservação são identificadas em planos de desenvolvimento regional ambiental. Esses planos são baseados em complexas negociações, as quais algumas vezes levam dez anos ou mais, entre autoridades públicas, grupos interessados, instituições e técnicos. Normalmente, não há compensação financeira, mas incentivos para a conservação da natureza.

A diretriz concernente à avaliação de impacto ambiental da Comunidade Européia foi adotada em 27 de junho de 1985, dando aos Estados-membros três anos para incorporar determinados requerimentos a suas legislações. Os projetos de desenvolvimento econômico, público ou particular, que tenham significativo efeito sobre o meio ambiente, devem ser submetidos à autoridade competente que considerará opiniões e informações para posterior autorização de execução. A Alemanha é signatária da "Bern Convention" e membro da Comunidade Européia, estando sujeita a suas regulamentações. Também é membro do Conselho da Europa (WCMC, 2000b).

Áreas protegidas – França

A formação geral do estabelecimento de unidades de conservação foi dada pela Lei relacionada à criação dos parques nacionais (60.708, de 22 de julho de 1960), definindo e estabelecendo a estrutura para os atos concernentes aos Parques Nacionais (*Parcs Nationaux*), fornecendo flexibilidade no tocante a medidas de proteção de um parque para outro, em virtude de razões ecológicas, políticas e econômicas. A formulação de legislação sobre conservação do meio ambiente é lenta e as primeiras reservas naturais foram criadas por organismos privados, não aparecendo no cenário antes de 1961. O primeiro parque nacional foi estabelecido em 1963 (WCMC, 2000c).

Geralmente, os Parques Nacionais possuem zoneamento, compreendendo uma zona central, que é uma área de proteção integral e uma zona periférica, conhecida como zona-tampão, com restrições menores. Há também as Reservas Naturais dentro dos Parques Nacionais, que são áreas ainda mais restritas em relação à proteção do meio ambiente.

O sistema de zoneamento utilizado nos Parques Nacionais tem causado conflitos entre os objetivos das duas principais zonas. De acordo com a lei, as *buffer zones* (zonas-tampão) têm a intenção de agir como zonas de transição entre o meio ambiente natural na zona central e o restante da área. A interpretação dessa lei tem levado essas zonas a serem utilizadas como áreas de compensação. Investimentos consideráveis são freqüentemente feitos nessas áreas, talvez como compensação pela inconveniência para a população e as autoridades locais da designação da área como Parque Nacional. As *buffer zones*, então, por si só, pressionam consideravelmente as zonas centrais, e estas são pressionadas pelo desenvolvimento econômico, incluindo a construção de infra-estrutura, como estradas (Cutrera, 1991; WCMC, 2000c).

Essas intervenções necessitam de aprovação das autoridades públicas, as quais têm sido, no mínimo, coniventes nesses casos. Outro problema nos Parques

Nacionais é que há poucas maneiras de restringir as atividades do Escritório de Florestas Nacionais, que geralmente não consideram a variável ecológica e, portanto, podem provocar danos às áreas. Também não há controle sobre as atividades militares desenvolvidas dentro dos parques (Cutrera, 1991; Tesson, 1990).

Há outros tipos de unidades de conservação, entre eles: Parques Naturais Regionais, Áreas Naturais Regionais e Reservas Nacionais de Caça. O interessante da categoria Parques Naturais Regionais é que ela possui o objetivo de compatibilizar, ao mesmo tempo, o desenvolvimento econômico e social da área com a proteção do meio ambiente cultural e natural (WCMC, 2000c).

No entanto, segundo o Dr. Paulo Nogueira Neto, em palestra conferida na Universidade Federal de São Carlos, em 1999, os parques portugueses e franceses influenciaram as APAs brasileiras. Posteriormente, Moraes (2001) ratificou essa afirmação por meio de comunicação pessoal.

Outra categoria de unidade de conservação francesa é a Reserva Natural (*Réserve Naturalle*), que são terras onde a conservação de fauna, flora, subsolo, água, depósitos minerais e fósseis e, em geral, o entorno natural requerem a suspensão de todo tipo de intervenção artificial que possa ocasionar degradação ambiental. Há, ainda, a Reserva Natural Voluntária (*Réserve Naturalle Volontaire*), instituída em terras privadas e estabelecida, em caráter voluntário, pelos proprietários, por meio de acordo mútuo com o poder público, no qual são criadas regulamentações concernentes ao manejo, de caráter individual. São aplicadas penalidades iguais, tanto para o Estado quanto para o indivíduo, se houver desrespeito a qualquer das regulamentações acordadas no decreto individual. São áreas que podem ser conceituadas como pertencentes ao grupo de conservação.

A duas categorias mencionadas diferem do modelo brasileiro de unidades de domínio privado. Diferem das RPPNs brasileiras, por apresentarem intervenção estatal no manejo da área, e das APAs, pelo caráter individual das regulamentações.

A França adotou, em 27 de junho de 1985, as diretrizes da Comunidade Européia concernentes à Avaliação de Impacto Ambiental (*Environmental Impact Assessment*); que leva em consideração fatores ambientais como fauna, flora, solo, água e paisagem. Cerca de 4 mil a 5 mil projetos requerem a realização de *Environmental Impact Assesments* anualmente (Coenen & Jörissen, 1989). É signatária da Bern Convention e membro da Comunidade Européia e do Conselho da Europa.

Áreas protegidas – Itália

As principais categorias de áreas protegidas são: Parque Nacional, Reserva de Estado, Parque Regional, Reserva Regional, Reserva Marinha e Zona Úmida

(Ministero Dell'ambiente, 1991). A maioria das unidades de conservação está sujeita à legislação regional. Uma categoria difundida em quase todas as regiões é o Parque Regional (também conhecido como parque natural).

Há pouca ou nenhuma consistência entre as diferentes definições regionais desses parques, tornando-se difícil conceituar a variedade de parques regionais para as definições internacionais específicas.

Há outras categorias de unidades de conservação menos difundidas, como: sistema de áreas (em Piemont e Lombardia); biótopo (em Alto Adige e Trentino), área de proteção (Ligúria), área equipada (Piemont), parque suburbano e parque urbano (Latium), parque metropolitano (Lombardia) e (Abruzzo e Puglia) (WCMC, 2000d).

Os quatro maiores parques foram criados em legislações separadas, entre 1922 e 1935, com o objetivo de proteger a fauna e a flora, preservar as formações geológicas, salvaguardar a beleza da paisagem e, com uma exceção (*Gran Paradiso Nazionale Parcho*), promover o turismo (IUCN, 1987). O quinto e último Parque Nacional foi designado em 1968.

O problema em relação à legislação dos Parques Nacionais diz respeito à ambigüidade entre os objetivos de conservação e turismo que têm contribuído para a geração de conflitos. Isso pode estar relacionado à descentralização e à regionalização: as autoridades locais são suscetíveis a atender interesses como caça, madeireiras e turismo, dando continuidade a atividades danosas em áreas protegidas e permitindo trabalhos públicos como a construção de estradas, entre outros. Outro problema é que os quatro primeiros parques foram criados no período da Segunda Guerra, sem consultar as autoridades locais e sem a devida compensação à comunidade local. Como conseqüência, nem os Parques Nacionais nem as leis que os criaram são respeitados pelos habitantes da área (Cutrera, 1991; WCMC, 2000d).

Outra categoria de UC, cuja maior parte das regiões possui legislação para seu estabelecimento, são as Reservas Naturais. Não há, na verdade, definição restrita e as regras e regulamentações dessa categoria variam bastante. A designação de algumas dessas Reservas Naturais seguem o tipo de classificação adaptado pelo Conselho da Europa (*Council of Europe*), que inclui: Reserva Natural Integral (*riserve naturali integrali*); Reserva Natural Orientada (*riserve naturali orientate*); Reservas Parciais (*riserve parziali*), que incluem as reservas geológicas, botânicas, zoológicas, biológicas e antropológicas; Reservas Especiais (*riserve speciali*), que incluem as áreas de reserva natural, monumento natural, reserva florestal e reserva biogenética.

As Reservas Naturais são instituídas em terras públicas, por meio de decretos ministeriais, ou em terras privadas, por meio de autorização parlamentar, por vontade do governo regional ou iniciativa dos proprietários. Essas unidades de conservação podem ser inseridas no grupo de uso direto dos recursos naturais.

A categoria Parque Regional (*Parcho Regionale*), também conhecida como parque recreacional, tem sido estabelecida em locais que apresentam combinação de conservação da natureza, propósitos recreacionais, salvaguarda de importantes atributos da paisagem e práticas tradicionais de uso da terra. Esses parques são criados com características semelhantes, ou seja, devem estar próximos aos centros conurbados; têm tendência de permitir o desenvolvimento das atividades econômicas existentes antes de sua criação (mesmo que sejam de natureza industrial, como mineração), se estas forem compatíveis com os objetivos de conservação; as atividades agrícolas e florestais são incentivadas; e os habitantes têm a possibilidade de usar o espaço para fins educacionais e recreacionais. Portanto, a categoria parque regional faz parte do grupo de conservação.

A situação, em 1990, das unidades de conservação, em designação nacional, são: 5 Parques Nacionais, 140 Reservas Naturais Nacionais, 5 Reservas Marinhas e 46 Sítios (*Ramsar Convention*). Em nível regional, tem-se: 80 Parques Regionais Naturais, 148 Reservas Naturais Regionais e 170 outras áreas (IUCN, 1990). A Itália é membro do Conselho da Europa, ratificando a Convenção de Conservação de Habitats Naturais e Vida Selvagem Européia (Bern Convention), em 1º de junho de 1982.

Os Parques Regionais italianos procuram administrar os conflitos existentes entre o uso antrópico e a proteção dos recursos naturais, o que se assemelha à APA brasileira. No entanto, a proibição de qualquer atividade posterior à implantação da unidade de conservação italiana é o diferencial em relação à APA brasileira.

Áreas protegidas – Portugal

As primeiras reservas de Caça foram estabelecidas em 1910, quando o país ainda era um reino. A primeira legislação de áreas protegidas foi o Ato dos Parques Nacionais e outras Reservas (Ato 9/70: dos parques nacionais e outros tipos de reservas), de 8 de junho de 1970; listando 11 princípios básicos e dando ao governo a responsabilidade de proteção da natureza, uso racional e conservação dos recursos naturais (WCMC, 2000e).

O Decreto 613/76 autoriza o Secretário de Estado do Meio Ambiente a fornecer ao Conselho dos Ministros a definição e a constituição das categorias de áreas protegidas: Reserva Natural, que também pode ser Reserva Natural Integral ou Parque Nacional; Reserva Natural Parcial; Reserva de Recreio; paisagem protegida; lugar, sítio, conjunto e objeto classificado; e Parque Natural.

Portugal ratificou a Convenção Européia de Conservação de Habitats Naturais e Vida Selvagem em 1982; também é membro da Comunidade Européia e do Conselho da Europa.

O sistema de áreas protegidas foi estabelecido com a criação dos primeiros parques na década de 70. O Serviço Nacional de Parques, Reservas e Conservação da Natureza (SNPRCN) tem sido reestruturado, sendo responsável pelo gerenciamento de áreas protegidas que vêm sendo efetivadas nas diversas regiões (Cutrera, 1991).

As categorias de unidades de conservação, segundo WCMC (2000e), têm a seguinte designação:

- Reserva Natural Integral: são áreas onde a proteção de todos os aspectos da natureza são garantidos. As atividades que podem alterar a dinâmica dos respectivos ecossistemas são restringidas, admitindo-se, somente com permissão do órgão competente, propósitos administrativos e científicos. Portanto, essa categoria pode ser definida como de preservação (uso indireto dos recursos naturais).

- Parque Nacional: representa um complexo de reservas estabelecidas para proteção da natureza e educação. Elas podem conter áreas de reserva natural integral ou parcial, circundadas por outras áreas de valor para proteção e recreação (categoria de conservação).

- Reserva Natural Parcial: são áreas onde se pretende salvaguardar determinados aspectos da natureza, como flora, fauna, solo, geologia e recursos hídricos; sendo permitidos utilização e estudos científicos. Dessa maneira, essas reservas podem ser biológicas, botânicas, zoológicas, geológicas, aquáticas e marinhas (uso indireto dos recursos ambientais, ou seja, categoria de proteção integral).

- Reserva de Recreio: são áreas que estão particularmente sujeitas a satisfazer as necessidades da população urbana na atividade recreacional passiva ou ativa e, portanto, onde os aspectos recreacionais da paisagem são enfatizados (uso indireto dos recursos naturais).

- Paisagem protegida: são áreas estabelecidas para proteger regiões rurais ou urbanas onde há aspectos característicos de cultura remanescente, sendo permitidas atividades de agricultura e pasto, dentre outras atividades tradicionais. Sua designação é orientada pelo bem-estar social, econômico e cultural da população residente no local. Portanto, essa categoria pode ser definida como de conservação.

- Lugar, sítio, conjunto e objeto classificado. Medidas indispensáveis são propostas para proteger paisagens que contenham determinados fenômenos naturais e/ou lugares de interesse científico, técnico ou outro, como vilas, comunidades rurais, ruínas, remanescentes arqueológicos, formações geológicas, rochas, grupo de árvores e comunidades ecológicas características (uso direto dos recursos naturais).

- Parque Natural: são áreas designadas para recreação, conservação da natureza, proteção da paisagem e promoção de populações rurais. Essas áreas são estabelecidas em propriedade privada ou pública, sendo que o zoneamento estabelece os diferentes usos para os setores dentro do parque. Essa categoria pode ser conceituada como de conservação.

A categoria Paisagem Protegida assemelha-se à categoria brasileira Reserva de Desenvolvimento Sustentável, por permitir que populações tradicionais permaneçam nas terras, desde que o uso seja compatível com a proteção dos recursos ambientais.

Os Parques Naturais portugueses se diferenciam da categoria APA brasileira pelo tamanho de sua área, que, no caso brasileiro, engloba grandes espaços territoriais e, ainda, por seu propósito de criação: as APAs não possuem fins recreacionais. Elas podem conter, em seu interior, áreas protegidas ou categorias específicas que permitam esse tipo de uso.

Em relação aos Parques Naturais, o Dr. Paulo Nogueira Neto afirmou que os parques franceses inspiraram a instituição da categoria APA no Brasil.

Áreas protegidas – Reino Unido

Em 1981, a Grã-Bretanha (compreendendo Inglaterra, Escócia e País de Gales) e a Irlanda formavam a união legislativa: Reino Unido da Grã-Bretanha e Irlanda (UK); sendo que a Irlanda do Norte separou-se da Irlanda, em 1921. O Reino Unido não possui Constituição escrita e o meio ambiente não tem direitos fundamentais. A proteção da paisagem se dá por meio de uma rede de leis, programas e administrações em nível local e regional. As áreas protegidas e as autoridades que as administram variam entre os Estados, particularmente entre a Escócia e a Irlanda do Norte que, embora compartilhem algumas categorias de áreas protegidas com os demais Estados do Reino Unido, possuem sistemas legislativo e administrativo diferenciados (WCMC, 2000f).

Provavelmente, as primeiras áreas a receberem proteção legal para a conservação da natureza foram os Santuários de Pássaros (*Bird Sanctuaries*), no século XIX, e o primeiro parque nacional, em 1951. Ressalta-se o papel importante, dentro da história de conservação e de áreas protegidas no Reino Unido, de reservas não legalizadas, estabelecidas por organizações não-governamentais (WCMC, 2000f).

Como membro da Comunidade Européia, o Reino Unido está limitado por sua legislação, incluindo as Diretrizes de Conservação de Pássaros Selvagens (79/409/EEC) que, em seu artigo 4º, requer que seus Estados-membros designem áreas importantes como áreas de proteção especial. O Reino Unido é signatário da Convenção de Conservação de Habitats Naturais e Selvagens Europeus (Bern Convention) e membro do Conselho da Europa.

Muito do que hoje é considerado necessidade para proteção é resultado da atividade de agricultura e de outras atividades antrópicas. A política de proteção da maioria das áreas é, no entanto, uma coexistência entre o meio ambiente natural e as atividades humanas. Isso tem encorajado bastante as práticas que mantêm o campo que o ser humano tem criado, assim como previne atividades degradadoras. Muitas áreas designadas para proteção especial são propriedades privadas. A proteção, dessa maneira, tem contado com a conservação voluntária, auxiliada no que for preciso pelo governo, para que os indivíduos possam agir sobre seus próprios interesses econômicos tanto quanto sobre os interesses de conservação (EC, 1990).

As primeiras unidades de conservação foram as Reservas da Natureza (*Nature Reserves*), cujo conceito surgiu praticamente na mesma época da criação de *Yellowstone*. A iniciativa partiu dos interesses privados que, com a intenção de preservar certo grupo de plantas, formaram o *National Trust*, responsável pela aquisição de *Wicken Fen*, primeira reserva particular da Inglaterra, datada de 1899.

Em relação às unidades de conservação de domínio privado, há diferentes categorias: as *Nature Reserves*, estabelecidas por iniciativa dos proprietários ou organizações não-governamentais que podem, por meio de acordos entre as partes, receber incentivos governamentais, como emprego de funcionários do governo para manejo da área (Warne & O'connor, 1992); os *Country Parks*, estabelecidos em propriedade privada, que, desde que permitam o uso público, podem receber financiamento governamental no intuito de reduzir as pressões sobre os locais de conservação (Brotherton, 1975); e os locais de relevante interesse científico (*Sites of Special Scientific Interest – SSSI*), que garantem proteção aos recursos naturais e podem ter financiamento governamental similar ao aplicado às *Nature Reserves* (Warne & O'connor, 1992).

Destacam-se entre as unidades de conservação as seguintes categorias (CC, 1991; Cutrera, 1991):

- Parques Nacionais (Inglaterra e País de Gales), protegidos em razão de sua beleza natural e seu valor recreativo; com o objetivo de preservar a beleza característica da paisagem a fim de proteger a vida selvagem e os lugares de interesse histórico e arquitetônico.

- Área de Excepcional Beleza Natural (*Area of Outstanding Natural Beauty* – AONB), extensivas áreas de campo aberto apropriadas para recreação e com *status* de Parque Nacional, que possuem qualidade ambiental de interesse nacional ou local.

- *Country Park*, fornece oportunidades para lazer e recreação mais próximos a áreas urbanas do que os Parques Nacionais; são áreas estabelecidas pela autoridade local, a qual possui poder de tomar compulsoriamente com o propósito da implementação deste tipo de UC, ou ainda com o consentimento do dono.

- Área Ambientalmente Sensível (ESA), resultante das regulamentações da Comunidade Européia sobre estruturas de agricultura que contribuem para a introdução ou a manutenção de práticas de cultivo em áreas particularmente sensíveis do ponto de vista da proteção do meio ambiente e dos recursos naturais ou para a manutenção da paisagem e do campo.

Quanto à conceituação das unidades de conservação do Reino Unido, em ambos os grupos de preservação (uso indireto) e conservação (uso direto), pode-se dizer que foram observados os preceitos de uso sustentável (uso direto), pelo fato de os primeiros espaços territoriais protegidos partirem de iniciativa privada. No entanto, quando o uso é incompatível com a proteção dos recursos naturais, a autoridade local toma, compulsoriamente, a área.

As categorias de domínio privado diferem da APA brasileira, notadamente, no que diz respeito à gestão da unidade de conservação, uma vez que recebem incentivos governamentais para tanto.

Áreas protegidas – Suécia

A Suécia foi o primeiro país europeu a promulgar legislação sobre Parques Nacionais. O primeiro Ato de Conservação, o Ato de Proteção à Natureza, foi aprovado em 1909 e estabelece a proteção de Parques Nacionais, Reservas Florestais e Monumentos Naturais, como características geológicas e árvores singulares (WCMC, 2000g).

O componente mais importante da legislação das áreas protegidas é o Ato de Conservação da Natureza, de 1964, que prescreve as maneiras pelas quais os parques, as reservas naturais e os monumentos naturais devem ser estabelecidos e gerenciados e, ainda, define métodos para proteção de fauna e flora. De acordo com a legislação, qualquer pessoa, respeitando determinadas limitações, pode atravessar (a pé) a propriedade alheia incluindo áreas protegidas, e permanecer por curtos períodos.

A proteção dada aos Parques Nacionais e às Reservas Naturais depende de como os indivíduos são afetados pela lei em cada local. Há um número de espaços protegidos que apresenta proteção "pobre" e, como resultado, tem sido verificada a degradação, por meio de atividades antrópicas, desde a designação desses espaços como unidades de conservação.

O Ato de Proteção Ambiental de 1969 designou a categoria de unidade de conservação Área de Proteção Ambiental para áreas terrestres ou aquáticas, se estas precisassem de proteção especialmente urgente. Essas áreas, geralmente, estão sujeitas à poluição por fontes diversas.

Quando determinadas áreas são designadas áreas protegidas, os proprietários locais recebem compensação pela restrição a seu uso e ocupação, sendo determinante para a eficiente conservação da natureza. Adota-se, então, o princípio do poluidor pagador como meio de reduzir os conflitos em relação aos recursos naturais, desde que haja compromisso de, no futuro, ser estabelecida aplicação legal de proteção ambiental nessas áreas (Michanek, 1991).

Mesmo com denominação semelhante, ou seja, Áreas de Proteção Ambiental, essa categoria sueca diverge dos objetivos da categoria homônima brasileira, pelo fato daquela surgir em espaços que apresentam degradação ou constatada poluição. Ou seja, a necessidade é a recuperação de uma área que sofreu algum dano ambiental. O motivo de criação das APAs brasileiras é a manutenção da qualidade ambiental e dos sistemas naturais existentes, visando à melhoria da qualidade de vida das populações locais e assegurando seu bem-estar.

A categoria sueca Parque Nacional somente pode ser instituída em terras públicas (da Coroa), sendo seu uso controlado. Em alguns parques são permitidas pesca e caça a determinadas espécies. É uma UC de preservação, ou seja, de uso indireto dos recursos naturais.

Em relação às Reservas Naturais, o critério de estabelecimento de seleção desses espaços protegidos varia de razões científicas à proteção da biodiversidade e do valor recreacional de beleza estética, sendo o interesse pela história natural considerado simplesmente como "bônus". São estabelecidas tanto em terras públicas (da Coroa) como em privadas, sendo a criação designada pelo poder público. No caso da criação dessa categoria de unidade de conservação em terras privadas, são estabelecidas restrições de uso necessárias à proteção do local. Os proprietários, proibidos de erguer edificações, usar pesticidas e caçar, são compensados por essas restrições impostas a suas terras.

Ocasionalmente, o poder público pode concordar em comprar a terra dos proprietários para criação da unidade de conservação, embora, normalmente, relute em usar força para comprar compulsoriamente (indenização). Aos visitantes também são impostas restrições a fim de prevenir eventuais danos ambientais. Portanto, essa categoria pode ser definida como pertencente ao grupo de conservação.

Quanto à categoria Monumento Natural, geralmente, é instituída em espaços territoriais pequenos. Em razão dos esforços de preservação para áreas maiores, esse tipo de unidade de conservação vem decrescendo. Também há os Santuários de Vida Selvagem, que servem de refúgio para pássaros e focas. Os santuários de pássaros estão incluídos nessa categoria. Nesses espaços territoriais protegidos, de caráter preservacionista, não é permitido o acesso de pessoas em razão da proteção contra caça, coleta de ovos e outras perturbações antrópicas.

A Área de Conservação Natural, também conhecida como Área de Manejo de Paisagem, é a categoria menos restritiva de proteção ambiental. Vários tipos de manejo podem ser realizados em acordo com o proprietário. Não há qualquer tipo de compensação financeira aos proprietários (Koester, 1990). Seria, portanto, conceituada como pertencente ao grupo de conservação.

Essa categoria assemelha-se às APAs brasileiras no tocante à gestão ambiental, ou seja, há um consenso entre o poder público e os donos da terra para determinar o manejo da área, sem que para isso o Estado tenha de arcar financeiramente com o ônus. A unidade de conservação continua nas mãos dos proprietários que fazem uso da terra, desde que este seja compatível com a conservação natural.

Em relação às Áreas de Importância Nacional, fazem parte as categorias áreas de importância nacional para recreação, conservação da natureza, pesca, mineração e propósitos militares. Essas áreas são protegidas contra as atividades que causam dano, no entanto, as atividades existentes na área antes da institucionalização da UC não são proibidas (Michanek, 1991).

Em 1991, havia 22 parques nacionais, 1.381 reservas naturais, 215 áreas de importância nacional para recreação e 1.366 áreas de importância nacional para conservação da natureza. A Suécia não é membro da Comunidade Européia e, portanto, não tem obrigação de aderir a seus acordos ambientais. No entanto, é signatária da Bern Convention (*Conservation of European Wildlife and Natural Habitats Convention*) (WCMC, 2000g).

Modelos de preservação e conservação dos recursos naturais no Hemisfério Sul

Este apêndice tem por objetivo apresentar modelos de conservação e preservação preconizados em alguns países do Hemisfério Sul (América Latina e continente africano, respectivamente) que, de certa maneira, sofreram influência do modelo norte-americano ou europeu no tocante à proteção dos recursos naturais. No entanto, países como Costa Rica e Peru inovaram no modelo de preservação, incorporando, no processo de planejamento, a participação social e as especificidades locais. Essas experiências são interessantes e, portanto, merecem ser ilustradas.

Áreas protegidas – Argentina

A Argentina é uma federação com 23 províncias, sendo um distrito federal (Buenos Aires) e os territórios nacionais da Antártida e das Ilhas Atlânticas do Sul. A Constituição de 1922 estabeleceu a criação e a administração de áreas protegidas pertencentes ao governo nacional e provincianos (estaduais). A Lei de Parques Nacionais, nº 22.351/80, instituiu a Administração de Parques Nacionais (*Administración de Parques Nacionales* – APN), órgão autônomo responsável pela administração das áreas protegidas em território federal. A APN pode desapropriar terras de domínio privado em que se deseje estabelecer uma área protegida.

Três categorias de unidades de conservação são definidas na referida lei:

1. Parque Nacional – área natural não alterada, cujo objetivo é a proteção integral. Duas zonas são distintas em um parque nacional: zona intangível, na qual são proibidas todas as atividades que causariam perturbação ao ecossistema, e zona restringida, na qual são permitidas turismo e alterações mínimas para administração efetiva da área, no entanto, assentamentos humanos, caça, pesca e exploração industrial são proibidos.

2. Monumento Natural – área de proteção de espécies vegetal ou animal, de formações de interesse científico, cênico ou histórico, onde são permitidas pesquisas científicas e turismo.

3. Reserva Nacional – área de proteção, geralmente, adjacente aos parques nacionais.

Atividades econômicas, com exceção do turismo, são proibidas nas primeiras duas categorias; sendo permitidas, atividades comerciais, industriais e outras nas Reservas Nacionais (Fourcade & Uribelarrea, 1992).

Coletivamente, as áreas protegidas, em território federal, formam o *Sistema de Parques Nacionales, Reservas Nacionales y Monumentos Naturales* de domínio do governo federal (Guidice, 1988). Em 1991, o Decreto nº 2.419/91 transferiu a APN da Secretaria de Estado da Agricultura, Gado e Pescas para a Secretaria de Recursos Naturais e Ambiente Humano (Merino, 1987).

A natureza fragmentária da política e da legislação de conservação impede estratégias uniformes para aplicação em todos os Estados. Em virtude da participação bastante limitada da Lei de Parques Nacionais em nível estadual, bem como da segurança nacional, houve várias tentativas no sentido de rever a delimitação de áreas protegidas. A APN, responsável por essa revisão, reúne esforços para unificar as áreas protegidas em um sistema nacional (APN, 1991). Até 1992, o projeto de lei, sujeito a mudanças, ainda tramitava no Congresso. Para aumentar a eficiência administrativa seriam introduzidas mais categorias de administração, variando de usos múltiplos a proteção integral; sendo obrigatórios planos de manejo para cada área (WCMC, 2002a).

A administração das unidades de conservação depende de seu domínio, portanto, pode estar sob legislação federal ou estadual, sendo a APN o órgão responsável por regulamentar o uso dessas áreas protegidas em âmbito federal (Merino, 1987). Ao mesmo tempo, os Estados ou províncias desenvolvem suas próprias políticas, sendo criadas áreas protegidas, sob responsabilidade administrativa de vários órgãos (Guidice, 1988). A maioria das responsabilidades administrativas é determinada por meio de leis provincianas (estaduais). Em algumas províncias foram estabelecidas instituições específicas para administrar áreas protegidas, sendo estas organizações responsáveis por atividades de pesquisa, desenvolvimento e execução de regulamentos (APN, 1991; Merino, 1987).

Áreas protegidas situadas em terra de domínio municipal são declaradas por meio de ordem municipal e administradas pelo Estado ou pela própria municipalidade. As áreas protegidas instituídas em terras privadas podem ser administradas tanto pelo Estado quanto por organizações não-governamentais que trabalham em conjunto com os proprietários das terras (APN, 1991).

As áreas protegidas são muito heterogêneas em termos de legislação, propriedade (domínio), administração e manejo. Em alguns casos, o Decreto que cria a área protegida não define limites ou objetivos. Isso resulta em confusão e inconsistências na designação das diferentes categorias de áreas protegidas.

Há muitas organizações não-governamentais (ONGs) dedicadas à conservação e ao desenvolvimento sustentável. Uma das maiores, a Fundação da Vida Silvestre Argentina (FVSA), é também a mais ativa, auxiliando os proprietários de terras a estabelecer e administrar áreas protegidas. A FVSA administra a maioria das áreas protegidas sob domínio privado (APN, 1991).

Recentemente, a demanda de atividades humanas por recursos naturais da Argentina aumentou dramaticamente em razão da severa crise econômica do país, sendo difícil manter áreas protegidas rígidas, ou seja, de proteção integral. Assim, as Reservas da Biosfera constituem alternativa importante. Das cinco existentes em território argentino, duas são administradas por subsecretarias estatais, uma por municipalidade e duas por meio de institutos independentes. Há, portanto, necessidade de uma estratégia nacional para proteção dos recursos ambientais. A implementação do sistema nacional de áreas protegidas naturais seria um passo significativo para a proteção efetiva de recursos naturais na Argentina (WCMC, 2002a).

Segundo APN (1991) e WCMC (2002a), há outros tipos de áreas protegidas, a saber:

1. Reservas Florestais – designadas como reservas de uso múltiplo, declaradas por Decreto Nacional ou Lei, administradas pelo Instituto de Silvicultura Nacional (*Instituto Forestal Nacional* – Ifona).

2. Reserva Científica/Reserva Estrita Natural – áreas naturais com ecossistemas excepcionais ou espécies de flora e fauna cuja proteção tem interesse científico e nacional. Os ecossistemas não devem demonstrar interferência humana.

3. Reserva Manejada/Santuário Natural de Fauna e Flora – na qual a proteção de um habitat específico é essencial para manter a existência de espécies selvagens de importância nacional.

4. Paisagem Protegida – categoria cujo objetivo é manter características naturais ou culturais. Podem ser de dois tipos: natural ou áreas modificadas (mas não centros urbanos), que foram exploradas intensivamente pelo ser humano para recreação e turismo, e paisagens que exibem modificações culturais em razão da habitação humana durante longo período.

5. Reserva Natural-Cultural – área natural habitada por comunidades indígenas interessadas em preservar sua integridade cultural; o objetivo de criação obedece interesses antropológicos.

6. Reserva de Uso Múltiplo – área com certo grau de transformação de seu estado natural onde atividades de produção são praticadas de maneira sustentável. O órgão administrativo impõe proibições e regulamentos para

assegurar a exploração sustentável. Podem ser distinguidas zonas funcionais diferentes dentro dessa área, as quais podem ser estabelecidas em áreas severamente degradadas para que, por meio de restrições, o estado natural estável possa ser restabelecido.

Percebe-se que o modelo argentino teve forte influência do modelo norte-americano na concepção de áreas protegidas, caracterizado pela necessidade de domínio público das terras como forma de garantir a perpetuidade e a preservação dos recursos naturais. Em paralelo às categorias de áreas protegidas brasileiras, a Reserva Natural-Cultural argentina aproxima-se da Reserva Indígena e, ainda, da Reserva Extrativista. Quanto à categoria APA, há algumas semelhanças com a categoria argentina Reserva de Uso Múltiplo, notadamente pela imposição de restrição de uso aos proprietários da terra para restabelecer o estado natural do sítio, fato que prescinde de expropriação. No entanto, o motivo que enseja a categoria argentina é a degradação ambiental do sítio, fator que não constitui critério para motivar a criação de uma APA brasileira.

Áreas protegidas – Chile

As áreas protegidas não representam parte de uma estratégia de desenvolvimento nacional e o Chile não tem uma estratégia exclusiva para tal matéria. Segundo Gutiérrez (1992), há abundante legislação no que concerne aos Parques Nacionais, no entanto, é dispersa, ambígua e contraditória.

A primeira legislação referente às áreas protegidas foi o Decreto n.º 656, em 1925, o qual autorizava a criação de Parques Nacionais e Reservas Florestais. Há necessidade de expropriação das terras sob domínio privado para a instituição dessas categorias de unidades de conservação. Uma vez desapropriadas, as terras somente podem ser usadas para esse propósito. A administração dessas áreas protegidas é responsabilidade do Serviço de Agricultura e de Pecuária (SAG).

O primeiro Parque Nacional foi declarado em 1926, com o objetivo de proteger a beleza natural dos recursos ambientais e permitir o turismo, sem prejudicar o sustento dos habitantes locais (Contreras et al., 1979; Ormazábal, 1986). Posteriormente, 12 parques foram estabelecidos entre 1935 e 1945, com o objetivo de proteger espécies de árvores. Entre 1958 e 1979, 36 áreas protegidas foram estabelecidas. Durante os anos 70, foram compilados planos de administração, enquanto infra-estrutura, pesquisa e projetos educacionais eram requeridos (Contreras et al., 1979).

Nem sempre os Parques Nacionais foram criados conforme objetivos nacionais declarados. Alguns foram criados para estacionar a colonização agrícola ou por razões políticas, como melhorar a imagem internacional do país

(Contreras et al., 1979). Então, vários Parques Nacionais não fazem jus à designação legal apropriada (Ormazábal, 1986). Outra particularidade dessas áreas protegidas é que, geralmente, não é observada a dominialidade das terras em sua criação, muitas vezes, ocasionando conflitos entre os proprietários privados e a necessidade de desapropriação.

A Corporação Nacional Florestal (Conaf) é uma corporação estatal autônoma, do Ministério da Agricultura, responsável por florestas e áreas protegidas, além de administrar o Sistema Nacional de Áreas Protegidas Selvagens (Snaspe). Também é responsável pelas definições das categorias de áreas protegidas: Parque Nacional, Monumento Natural, Reserva Nacional e Reserva de Selva, bem como pela reclassificação adequada das diversas unidades de conservação.

As categorias de áreas protegidas têm a seguinte definição (WCMC, 2002b):

1. Parque Nacional – área normalmente de tamanho considerável onde estão presentes ecossistemas únicos ou representativos da diversidade ecológica natural do país, e sem interferência humana. Pesquisas e atividades educacionais são os únicos usos permitidos.

2. Monumento Natural – normalmente sem grande extensão, onde são encontradas espécies nativas de flora ou fauna ou locais geológicos de importância educacional, cultural, científica ou cênica.

3. Reserva de Selva – qualquer área onde haja condições naturais primitivas de vida selvagem, fauna ou habitação humana, sem estradas para tráfico motorizado e onde toda a exploração comercial seja proibida. Essas áreas têm por objetivo permanecerem intactas, com exceção de pesquisa científica autorizada e inspeção pela Corporação (Conaf).

4. Reserva Nacional – onde a conservação dos recursos ambientais é requerida e há cuidado especial sobre seu uso. Flora e fauna podem ser manejadas de acordo com princípios de sustentabilidade.

Áreas protegidas – Costa Rica

A legislação concernente à preservação dos recursos naturais data de 1853, quando a caça foi proibida próxima a assentamentos humanos. Em 1939, a Lei nº 13 fez referência à institucionalização da categoria Floresta Nacional, bem como à preservação ao longo de encostas, com largura de 200 m, e às laterais dos recursos hídricos superficiais, com largura de 500 m (SPN, 1979).

A categoria Parque Nacional apareceu na Lei nº 197, de 1945, a qual proibia a exploração de florestas nas laterais da Rodovia Panamericana. No entanto, em razão de problemas econômicos, essa lei não entrou em vigor, sendo a primeira área natural de proteção integral estabelecida em 1963. Os Parques Nacionais são criados pelo poder público em áreas públicas, devendo ser desapropriadas as terras sob domínio privado e qualquer alteração em seus perímetros é feita por meio de Lei.

Em 1991, o Ministério dos Recursos Naturais, Energia e Minas (Mirenem) submeteu um projeto à Assembléia Legislativa, como parte do processo contínuo de consolidação das áreas protegidas em um sistema nacional coordenado, no qual o Sistema Nacional de Áreas de Conservação (SINAC) substituiria a legislação anterior no que diz respeito à administração de áreas protegidas e onde a participação local e privada seria encorajada (Mirenem, 1991; Ugalde, 1992). A proposta da legislação do Sistema Nacional encorajou a participação local por meio da criação do Conselho Nacional das Áreas de Conservação e dos Conselhos Regionais, que teriam por objetivo reunir as pessoas interessadas em deliberar em relação às áreas protegidas.

A proposta do SINAC é agrupar áreas protegidas, contíguas ou próximas umas das outras, com zonas de acordo com as características ecológicas e a presença de comunidades. Assim, as áreas de conservação têm uma zona central, de domínio público, com objetivos de proteção integral, cercada por outras zonas onde se permitiria o uso dos recursos naturais, sob domínio privado (Bradley et al., 1990).

As áreas de conservação são unidades territoriais administrativamente delimitadas, onde se interrelacionam atividades tanto privadas quanto estatais, com o objetivo de buscar soluções conjuntas, orientadas por meio de estratégias de conservação e desenvolvimento sustentável dos recursos naturais. A idéia do SINAC é a descentralização, entendida como o repasse progressivo da tomada de decisão e funções operacionais para as áreas de conservação; desconcentração, interpretada como redistribuição e transferência de recursos humanos, técnicos e financeiros para as áreas de conservação; e democratização, concebida como a participação ativa e progressiva da sociedade civil na tomada de decisões da política e da administração dos recursos naturais (SINAC, 2002).

Segundo Mirenem (1990), Bradley et al. (1991) e Ugalde (1992), entre os problemas em relação à administração e à gestão das áreas protegidas, anteriores à instituição do SINAC, estavam:

- falta de planejamento estratégico e de coordenação entre os institutos responsáveis;
- falta de participação da comunidade local;

- pessoal e treinamento inadequados para o gerenciamento e o manejo;
- recursos naturais não considerados como parte do capital nacional, não sendo incluídos em análises econômicas;
- falta de informação sobre o potencial econômico dos recursos ambientais;
- ausência de incentivos econômicos às populações locais;
- conflitos decorrentes das restrições impostas aos proprietários;
- propriedade privada dentro de áreas protegidas onde não se permite este tipo de domínio, como nos Parques Nacionais;
- invasão das áreas protegidas para expansão agrícola, incentivada pelo Instituto de Desenvolvimento Agrário; e
- áreas protegidas biogeograficamente isoladas.

As áreas protegidas possuem a seguinte designação (WCMC, 2002c):

1. Parque Nacional – que contém um ou mais ecossistemas, não transformados por atividade humana, para conservação de espécies de flora e fauna, de formações geomorfológicas, de habitats com interesse científico e de locais com paisagem de beleza cênica nacional. É permitida apenas a visitação pública e a pesquisa.
2. Reserva Biológica – área que inclui floresta, cujos os usos permitidos incluem estudo e pesquisa de vida selvagem e habitats. A exploração dos recursos naturais é proibida.
3. Zona Protetora – incluiu florestas e terras propensas a florestas, nas quais o objetivo é a proteção de terra, dos recursos de água, das bacias hidrográficas e a conservação do ambiente.
4. Reserva Florestal – inclui florestas cuja função primária é a produção de madeira, com exploração de recursos naturais permitida mediante autorização do Diretório Geral de Florestas (DGF).
5. Refúgio Nacional de Vida Silvestre – área que inclui floresta e terra cuja função primária é proteção, conservação, aumento e manejo de espécies de flora e fauna.

As categorias Zona Protetora, Reserva Florestal e Refúgio Nacional de Vida Silvestre podem ser estabelecidas em terras sob domínio privado e o Estado não é obrigado a comprar essas terras para seu estabelecimento (WCMC, 2002c).

Quanto à administração, segundo Ugalde (1992), apenas os Parques Nacionais e as Reservas Biológicas podem ser considerados adequadamente protegidos. Esse pensamento reflete claramente a concepção equivocada de que somente pode haver preservação quando o ser humano é visitante, e não residente, nos moldes de *Yellowstone*, bem como a conservação dos recursos naturais somente pode funcionar ao adotar uma posição totalmente contrária a seu uso.

No entanto, a existência de categorias de áreas protegidas, como Zona Protetora, Reserva Florestal e Refúgio Nacional de Vida Silvestre favorecem a conservação da biodiversidade com enfoque no aprendizado mútuo como meio de comunicação e com a participação das comunidades locais.

Poderia-se dizer que as áreas protegidas da Costa Rica foram influenciadas, como praticamente todo o mundo, pelo modelo norte-americano de preservação do mundo selvagem. Porém, em virtude das inovações informais das populações locais no que concerne à conservação da diversidade genética das espécies de importância medicinal ou agrícola, o país adotou modelos de conservação que permitem o uso dos recursos ambientais.

Essa mudança é ilustrada por Pimbert & Pretty (2000) que citam o caso da indústria farmacêutica Mercks, que assinou contrato com o Instituto Nacional de Biodiversidade da Costa Rica (INBio), com objetivo de pesquisa, coleta, identificação e exploração de genes úteis na fauna e na flora das áreas protegidas, em contrapartida, concordou em pagar *royalties* provenientes de vendas dos produtos derivados de genes úteis e substâncias bioquímicas encontradas nas áreas protegidas da Costa Rica.

É conveniente lembrar que nem sempre os propósitos são nobres e descomprometidos. Por trás da frágil aparência de auxílio à pesquisa pode estar incutido o interesse, notadamente econômico, em apropriar-se da biodiversidade, de seus produtos e subprodutos, bem como do conhecimento local em relação à fauna e à flora.

Em relação às áreas protegidas estabelecidas em domínio privado, a Costa Rica possui uma das mais antigas, a Reserva Monteverde. Ademais, há fundações que apóiam e auxiliam na administração e no manejo das áreas protegidas, como a Fundação dos Parques Nacionais, com grande envolvimento com ONGs, cujos recursos financeiros são empregados em pesquisa, equipamento, aquisição de terras e outras necessidades do sistema de áreas protegidas (Dourojeanni, 1997).

Áreas protegidas – Equador

A proteção de recursos naturais teve início com a declaração das Ilhas Galápagos como área protegida. Ao longo do tempo, outras áreas protegidas foram instituídas, porém em virtude da falta de continuidade em sua seleção, bem como da inadequada administração, sua efetividade ficou restrita (Ponce, 1982).

Em 1976, na Estratégia Preliminar para a Conservação de Áreas Naturais Excepcionais foram identificadas áreas de prioridade que formaram a base de um sistema nacional coordenado de áreas protegidas (Ponce, 1982; Cifuentes et al., 1989).

O sistema de áreas protegidas apresenta limitações em relação à administração, como: falta de apoio político nos níveis mais altos de governo; coordenação institucional inadequada; treinamento inadequado de pessoal; falta de participação das comunidades locais em decisões sobre as áreas protegidas e sua administração; recursos econômicos inadequados; ausência de educação ambiental e monitoramento; problemas em relação ao domínio e à posse de terras; e dificuldades em restringir o uso e a ocupação nos territórios protegidos (Cabarle et al., 1989; Cifuentes et al., 1989; Figueroa, 1992). Outro problema, citado por Figueroa (1992), diz respeito aos danos ambientais ocasionados pelas companhias petrolíferas e de mineração em áreas protegidas, bem como à invasão dessas áreas sob domínio público.

Em 1971, a legislação criou as categorias Parque Nacional e Reserva Ecológica, no entanto, não as definiu claramente, ocasionando conflitos em seu estabelecimento e gestão. A Lei Florestal e de Conservação de Áreas Naturais e Vida Selvagem, datada de 1981, consolidou as leis anteriores relativas à proteção dos recursos naturais e vida selvagem. Sob a égide dessa lei, toda área vegetada é regulamentada, sendo o direito de propriedade reconhecido pelo Estado. Assim, quando necessário, o poder público indeniza terras sob domínio privado para se transformarem em áreas protegidas, sob domínio público, em nível nacional. A referida lei fornece subsídios para administração dos recursos naturais, objetivos de conservação gerais e atividades permitidas no interior das áreas protegidas. Toda exploração comercial de recursos naturais é proibida. Há permissão para outras atividades, que deve ser concedida pelo órgão competente. A administração das áreas protegidas deve seguir os planos de administração específicos para cada área, em consonância com a Lei Florestal de 1981.

Há seis categorias de unidades de conservação no sistema equatoriano, a saber:

1. Parque Nacional – de domínio público, com, no mínimo, 10.000 hectares, em estado natural, com formações geológicas de interesse nacional ou importância científica e educacional, sendo permitida visitação pública com propósitos educacional, recreativo ou científico.

2. Reserva Ecológica – área de, no mínimo, 100.000 hectares, com presença de espécies de fauna e flora de importância nacional, particularmente em

perigo de extinção, ou presença de formações geológicas de interesse nacional, de domínio público, com uso semelhante aos Parques Nacionais.

3. Reserva Biológica – área de qualquer tamanho cujo ecossistema permaneça em sua condição natural, com objetivo de conservação de vida selvagem.

4. Reserva de Produção de Fauna – com, no mínimo, 1.000 hectares, que contenha espécies de vida selvagem com valor comercial, incluindo áreas pertencentes a grupos indígenas, sendo permitidas atividades como caça e pesca, desde que autorizadas pelo órgão competente.

5. Área de Recreação Nacional – área com, no mínimo, 1.000 hectares, de beleza cênica, recursos turísticos ou importância recreativa, sua localização deve permitir ao público fácil acesso.

6. Reserva Geobotânica.

Há outros tipos de áreas protegidas, como: Patrimônio de Áreas Naturais do Estado, que constituem-se em áreas naturais invioláveis e inalteráveis, como Florestas de Proteção (assemelham-se às Áreas de Preservação Permanente brasileiras); Refúgio de Vida Selvagem; Área de Caça e Pesca; Reserva de Recursos Marinhos; Monumento Natural; Reserva Bioantropológica Indígena; e Reserva da Biosfera (WCMC, 2002d).

Há organizações não-governamentais interessadas na preservação dos recursos naturais, dentre elas, a Fundação Charles Darwin, que foca seu trabalho nas Ilhas Galápagos; a EcoScience, que desenvolve trabalhos em educação ambiental, bem como em pesquisas nas diferentes áreas protegidas; a Ação Ecológica, que promove campanhas contra as atividades mineradoras em áreas protegidas, que constituem uma das ameaças mais sérias aos ecossistemas equatorianos; e a Fundação Natura, que juntamente com instituições estatais administra algumas áreas protegidas, bem como treina pessoal para administração desses espaços territoriais protegidos.

Southgate (1997) adverte que a presença de negócios turísticos nas Ilhas Galápagos cria novas pressões que atentam contra o princípio científico de manejo da área e contra a proteção da biodiversidade, sem brindar a população local ou nacional com os benefícios esperados.

A participação da comunidade local, por meio da iniciativa particular em preservar áreas, constitui um benefício em relação à preservação dos recursos ambientais. Como exemplo, pode-se citar a experiência do grupo indígena Awa, que, espontaneamente, decidiu estabelecer áreas protegidas segundo as categorias preconizadas pelo Congresso Mundial de Parques Nacionais e Áreas Protegidas (CNPPA). Eles têm assegurado direitos sobre as áreas tradicionais, designadas como Reserva Florestal Étnica dos Awa (Poole, 1993; Pimberty &

Pretty, 2000), a qual é manejada pela comunidade Awa em conjunto com a ONG Unidade Técnica Equatoriana do Plano Awa (Utepa) (WCMC, 2002d).

Em relação à região amazônica, o Equador é signatário do Tratado de Cooperação Amazônica, de 3 de julho de 1978, um acordo entre oito países com território na referida região, com o objetivo de estabelecer regulamentações para manejo dos recursos naturais e propor alternativas diretas de conservação para gerenciamento de projetos multinacionais. Cerca de 51% do leste da região amazônica equatoriana permanece com vegetação de floresta (WCMC, 2002d).

Áreas protegidas – Peru

A primeira regulamentação do uso dos recursos naturais foi aplicada entre 1956 e 1957, que declarava determinadas áreas como Florestas Nacionais, sendo que apenas o Estado poderia explorar seus recursos. A Lei nº 13.694, de 1961, criou o primeiro Parque Nacional, que representou o marco inicial de um sistema legal de categorias de áreas protegidas.

A Lei de Reforma Agrária, datada de 1969, declarava que Parques Nacionais, Florestas Nacionais, Reservas de Floresta e Zonas Arqueológicas instituídas por meio de lei não podiam ser consideradas para fins de reforma agrária. As relações legais entre os povos indígenas e as áreas protegidas são estabelecidas pela Lei de Comunidades Nativas e Desenvolvimento Agrário das regiões de Selva e de Floresta, Decreto Lei nº 20.653, de 1974, e nº 22.175, de 1978. A referida lei reconhece direitos de terra de comunidades nativas e, onde estas se sobrepõem com áreas protegidas, e permite a continuidade de suas atividades desde que de acordo com os princípios de regulamentos dessas áreas protegidas (FAO, 1975; Ríos et al., 1986).

Para possibilitar o regulamento das áreas protegidas, foi elaborado um plano de administração para cada categoria (*Plan Maestro*) e para o Sistema Nacional de Unidades de Conservação (SNUC) como um todo. Assim, um sistema de zoneamento foi esboçado, para que cada categoria fosse instituída de acordo com a fragilidade dos ecossistemas.

Em setembro de 1990, o Código de Meio Ambiente e Recursos Naturais consolidou as políticas prévias relativas à conservação e ao uso dos recursos naturais; foram redeclarados os objetivos de cada categoria, bem como reconhecidos os direitos de propriedades das comunidades ditas tradicionais. A participação da comunidade é encorajada, no entanto, o uso dos recursos ambientais é limitado, de maneira a obedecer os objetivos de proteção de cada categoria.

Para estabelecimento de determinadas áreas protegidas de proteção integral ou estrita, é necessária a expropriação de terra sob domínio privado pelo Estado, por exemplo, os Parques Nacionais, que são áreas selvagens que contêm espécies de flora e fauna, de proteção integral; as Reservas Nacionais, que alocam espécies selvagens de fauna de interesse da nação, permitindo uso sustentável desde que as normas preestabelecidas de uso sejam respeitadas; Santuário Nacional, para proteção de qualquer espécie, comunidade de plantas ou animais e, ainda, de qualquer formação natural de interesse científico e cênico; e Santuário Histórico, que são áreas invioláveis para proteção de locais naturais onde importantes eventos da história da nação aconteceram (FAO, 1976; WCMC, 2002e).

Dourojeanni (1997) cita as Reservas Nacionais de Pampa Galeras e do Lago Titicaca, onde se pratica o uso sustentável dos recursos, por populações indígenas, sendo essa a essência dessas áreas, bem como as Reservas Nacionais de Pacaya-Samiria e Paracas que, respectivamente, permitem o uso dos recursos petrolíferos e pesqueiros. O referido autor alerta que há muitas áreas protegidas mal estabelecidas e sem fundamentos técnicos como é o caso dos Parques Nacionais de Cutervo e Tingo María, por outro lado, há parques nos quais há população legalmente assentada com atividades econômicas reconhecidas e compatibilizadas, como, por exemplo, o Parque Nacional Huascarán.

Há outras categorias de áreas protegidas, como (Injoque et al., 1991; Suárez de Freitas, 1990; WCMC, 2002e):

1. Reserva Comunal – área estabelecida para conservação da vida selvagem e benefício de populações locais cujo sustento dependa tradicionalmente dos produtos de vida selvagem, como nativos ou camponeses (essa categoria assemelha-se com a categoria brasileira Reserva Extrativista).

2. Reserva de Caça – de domínio público ou privado, com objetivo e infra-estrutura para permitir atividades de caça esportiva.

3. Zona Reservada – área usada como medida transitiva ou provisória até que estudos permitam uma designação permanente.

Quanto à administração das áreas protegidas, o Ministério da Agricultura é responsável pela conservação das florestas e dos recursos de vida selvagem, bem como pela regulamentação do uso da terra. Em nível local, como parte do processo, há descentralização de gestão das áreas protegidas, por meio de escritórios regionais, com maior autonomia e responsabilidade pelas atividades relativas às florestas e aos recursos naturais.

Há cerca de 80 organizações não-governamentais preocupadas com ecologia, conservação de vida selvagem, áreas protegidas e assuntos ambientais, em níveis nacional e internacional, coordenadas pela Rede Ambiental Peruana.

Essas ONGs contribuíram consideravelmente para melhorar a efetividade de administração das áreas protegidas, entre essas, a Fundação Peruana para Conservação da Natureza (FPCN), estabelecida em 1985, que administra diretamente 11 áreas protegidas (Dourojeanni, 1997).

Segundo WCMC (2002e), algumas limitações estão presentes na administração das áreas protegidas, entre elas:

- falta de comunicação entre administração central e regional;
- dificuldade na criação de novas unidades de conservação de domínio público, em razão da situação econômica;
- a efetividade de regulamento do recurso natural é muito reduzida (DGFF, 1991);
- ausência de pessoal (guardas) nas áreas protegidas;
- inconsistências na designação de áreas protegidas como outro fator que contribui para a ineficiência administrativa (Suárez de Freitas, 1990);
- salários e treinamento de pessoal inadequados;
- redução contínua do quadro de pessoal;
- muitas áreas não são manejadas de acordo com suas definições, dentro de cada categoria;
- assentamentos humanos no interior de unidades de conservação de proteção integral, notadamente em regiões onde a coca é intensivamente cultivada (Dourojeanni, 1985);
- direito de propriedade como gerador de conflitos, principalmente na região amazônica peruana onde os sistemas de administração ignoram os direitos das comunidades locais.

Uma alternativa para a gestão das unidades de conservação peruanas é a co-gestão e a participação das ONGs no manejo desses espaços territoriais protegidos, seguindo o modelo de terceirização de serviços. Suárez de Freitas (1997) enumera três elementos básicos desse modelo para o manejo das unidades de conservação: a responsabilidade do Estado nacional sobre a conservação do patrimônio natural do país deve ser mantida; a proposta de políticas, elaboração de normas, definição de prioridades e aprovação dos planos de manejo do sistema e suas áreas permanecem como responsabilidade e competência da autoridade governamental, bem como a supervisão e avaliação da gestão dessas áreas protegidas; e a execução do manejo das áreas naturais protegidas, de forma individual ou conjunta, fica a cargo de uma organização privada sem fins lucrativos, cujo objetivo institucional seja a conservação da natureza.

Verifica-se que, apesar da influência norte-americana na maneira de proteger os recursos naturais e, principalmente, de suas limitações em relação à implantação efetiva e à gestão das áreas protegidas, uma nova concepção é encorajada, tendo a participação da sociedade civil como condição indispensável no processo de planejamento e gerenciamento dos espaços territoriais legalmente instituídos.

Áreas protegidas – África do Sul

A África do Sul possui quatro províncias: Cape, Transvaal, Natal e Estado Livre de Orange, com suas próprias legislações e agências de conservação. Além das províncias, há dez pátrias com governo próprio, mas que fazem parte da República: KwaZulu, Gazankulu, Lebowa, Owaqwa, Kwa Ngwana, Kwa Ndebele, Bophuthatswana, Transkei, Venda e Ciskei. As autoridades governamentais centrais não têm jurisdição sobre as últimas quatro pátrias.

A preocupação com a perda da vegetação de florestas teve início na metade do século XIX, por meio da designação do Parque Botânico de Cape, em 1859. Os argumentos baseavam-se na conservação dos solos e na proteção dos recursos hídricos. Até 1866, os assuntos sobre conservação foram considerados menos importantes e, em razão de interesses agrícolas e comerciais, as florestas foram sendo destruídas (Grove, 1987).

Em 1894 foi instituída a primeira Reserva de Caça, conhecida como Reserva Natural de Pongola. Até 1965, outras áreas protegidas foram criadas. Em 1992, eram 7,2 milhões de hectares de terras protegidas, sob domínio público (WCMC, 2002f).

As ações para ampliar as áreas protegidas incluem os esforços para envolver a cooperação dos proprietários locais de terras. Podem-se citar o Sistema de Parques Nacionais, o estabelecimento de Reservas da Biosfera, o estabelecimento do Programa de Patrimônio Natural da África do Sul, lançado em 1984 com o objetivo de ampliar as áreas protegidas sob domínio privado, e o Programa de Locais de Significante Conservação.

Segundo Cowan (1990), os atores mais importantes nesse processo são os proprietários de terras privadas, indivíduos e organizações não-governamentais que são encorajados a registrar locais como parte do Programa, desde que esses locais sejam: áreas sensíveis de bacias hidrográficas, habitats de espécies ameaçadas, locais com características naturais etc.

De acordo com o Registro Nacional de Áreas Conservadas e Protegidas da África do Sul, há 431 áreas protegidas, cobrindo 5,6% do território. Essas áreas estão sob controle nacional, provincial ou do governo local. Ademais, há 463 reservas privadas, o que eleva para 7% o total do território coberto por áreas protegidas (WSEN, 2002). Entre as reservas privadas está a Reserva de Caça no Transvall, uma das maiores do mundo, que é financiada pelo turismo.

Em relação às categorias de áreas protegidas, tem-se (WCMC, 2002f; WSEN, 2002):

1. Parques Nacionais – locais de preservação e estudo de animais selvagens; de preservação geológica, arqueológica, histórica, etnológica, oceanográfica e de interesse científico nacional, nos quais são permitidas atividades de visitação e turismo. Como exemplo pode-se citar o Parque Nacional Krueger.

2. Florestas de Conservação – têm objetivo de proteção integral ou uso sustentável, inseridas em outras áreas protegidas.

3. Reservas Naturais – semelhantes aos Parques Nacionais.

4. Área Montanhesa de Bacia Hidrográfica.

5. Reserva Marinha.

6. Reservas Científicas – áreas sensíveis onde são permitidas pesquisas e monitoramento para a manutenção dos recursos genéticos, como, por exemplo, as Ilhas Príncipe Willians.

7. Áreas Selvagens – áreas desabitadas e não desenvolvidas, cujo objetivo é a manutenção das características selvagens, por exemplo, a Área Selvagem Cedarberg e a Ilha Dassen.

8. Monumentos Naturais e Culturais – áreas com características naturais ou culturais significativas, que podem incluir jardins botânicos, jardins zoológicos e sítios de patrimônio natural.

9. Áreas de Manejo de Habitat e de Vida Selvagem – são sujeitas à intervenção humana, baseadas em pesquisas de espécies específicas, incluem áreas de conservação provinciais, regionais e reservas privadas criadas para preservação de habitats e comunidades bióticas, pântanos, lagos, entre outros ecossistemas.

10. Paisagens Protegidas – áreas onde é possível a harmoniosa interação de pessoas e natureza, com a proteção de ambientes, paisagens cênicas e paisagens urbanas históricas.

11. Áreas de Uso Sustentável – enfatizam a utilização de produtos em base sustentável dentro das áreas protegidas, como o Sistema de Lagos da Bacia Kosi em KwaZulu-Natal, podendo ser estabelecidas sob domínio privado.

12. Áreas Úmidas – que incluem habitats insulares e costeiros.

Áreas protegidas – Congo

A primeira área protegida, estabelecida em 1935, foi o Parque Nacional d'Odzala, após o país se tornar signatário da Convenção de Londres. Em 1974, por meio do Código de Silvicultura, algumas mudanças foram efetuadas no âmbito da legislação de florestas, que classificou-as em: Florestas protegidas, com rígidas restrições, subdivididas em Parques Nacionais, Reservas Naturais Estritas e Áreas de Reflorestamento; Florestas de Produção; e Florestas de Desenvolvimento Comunitário.

Em relação às outras categorias de áreas protegidas, a legislação não as prevê, embora existam algumas áreas denominadas Reserva de Fauna e Reserva de Caça. As Reservas da Biosfera também não foram contempladas pela legislação, no entanto é registrada a existência de duas em território nacional (IUCN, 1989).

Muitas organizações nacionais são responsáveis pela conservação da natureza, no entanto, falta estrutura administrativa que esclareça o papel e a responsabilidade de cada uma (IUCN, 1989).

Embora haja legislação adequada para a administração das áreas protegidas, a falta de apoio financeiro para fiscalização e monitoramento ocasiona problemas, como roubo, furto e caça (Fay & Agnagna, 1991).

As recomendações da IUCN incluem a adaptação da legislação de floresta para que seja possível a utilização de determinados ecossistemas florestais em consonância com a capacidade de suporte, bem como de atividades que possam atrair recursos financeiros internacionais (WCMC, 2002g)

Dentre as áreas protegidas estão:

1. Florestas de Produção – área onde é possível a extração de madeira, sujeita a licenças controladas por lei.

2. Florestas de Proteção – têm por objetivo a conservação ou restauração da flora, da fauna, do solo ou de sistemas hídricos.

3. Parques Nacionais – áreas de interesse turístico, científico ou histórico, onde não se permite a ocupação ou qualquer atividade humana.

4. Reservas Naturais – estabelecidas em razão de proteção de espécies de fauna e flora, criadas por interesse científico, turístico ou histórico.

5. Reserva Natural Estrita – onde toda e qualquer influência antrópica é proibida, sendo o acesso permitido apenas à vigilância da área.

6. Área de Reflorestamento – área em que se constata necessidade de recuperação florestal, notadamente em terrenos em declives, para prevenir erosão, estabelecer dunas, manter fontes d'água, entre outros; não são permitidos direitos de uso (assemelham-se às Áreas de Preservação Permanente brasileiras).

7. Floresta de Desenvolvimento Comunitário – onde se permite a subsistência de populações humanas com a manutenção de espécies de fauna e flora.

O Congo ratificou a Convenção de Patrimônio Mundial, embora não tenha designado nenhum sítio, não participou da Convenção de Ramsar, no entanto, ratificou a Convenção Africana de Natureza e Recursos Naturais, na qual são definidas reservas naturais rígidas, parques nacionais e reservas especiais.

Áreas protegidas – Nigéria

São quatro as categorias de áreas protegidas:

1. Reservas Naturais Rígidas – instituídas a partir de 1954, sob domínio e administração pública, na qual são proibidas atividades de caça, pesca, agricultura, silvicultura, mineração, qualquer tipo de alteração da terra ou vegetação e qualquer intervenção que prejudique a fauna e a flora. É permitida pesquisa científica, desde que com permissão das autoridades competentes.

2. Reserva de Caça – incorpora áreas em que se permite caça regulamentada, o habitat é protegido, bem como a vida selvagem.

3. Parque Nacional – que visa à propagação, à proteção, à conservação e ao manejo da vegetação e de animais selvagens. São proibidas atividades de silvicultura, agricultura, mineração, caça, pesca, introdução de quaisquer espécies de flora e fauna ou perturbação das mesmas. O primeiro Parque Nacional, PARNA do Lago Kainji, foi criado em 1975, por meio de legislação federal.

4. Reservas Florestais – com função de produção, principalmente extração de madeira.

Quanto à administração das áreas protegidas, o órgão encarregado pela coordenação da conservação dos recursos naturais, do desenvolvimento de políticas, monitoramento e pesquisa é o Conselho Federal de Conservação dos Recursos Naturais (NRCC), responsável, também, pela Estratégia de Conservação Nacional (WCMC, 2002h).

Alguns problemas são diagnosticados por Ola-Adams (1987) em relação à administração das áreas protegidas, entre eles: limitação de infra-estrutura (equipamentos, veículos etc.), ausência de informações básicas para sua administração efetiva e ausência de implementação de política de execução. Anadu (1987) relaciona outros como: exploração de espécies de plantas indígenas, agricultura comercial no interior das áreas protegidas, pastagens ilegais, incêndios descontrolados particularmente nas regiões de savanas, expansão de estradas, atividades de extração etc.

O Comitê Nacional de Conservação de Vida Selvagem desempenha papel fundamental no estabelecimento e na administração de áreas protegidas, uma vez que cabe a ele criar novas unidades, coordenar e formular política de administração da vida selvagem em âmbito nacional, por meio da coordenação de programas que envolvam as diversas categorias de áreas protegidas.

A Fundação Nigeriana de Conservação, organização não-governamental, desde 1982, promove todos os aspectos de conservação do país, por meio do apoio a projetos de conservação, de levantamento de recursos financeiros e, ainda, de apoio a pesquisas nas reservas (Anadu & Green, 1990).

Áreas protegidas – Uganda

O estabelecimento de áreas protegidas iniciou-se com a criação de Reservas Florestais no começo do século XX, quando o Governo Britânico assinou acordos com os reinos de Buganda, Toro e Ankole, em 1932 (Howard, 1988).

Desde então, diversas áreas foram designadas Reservas Florestais sob a responsabilidade do Departamento de Florestas. Segundo a IUCN (1990b), 50% estão em bosques de savana, 40% em floresta tropical alta e 10% em áreas de bacias hidrográficas, além das florestas sob domínio privado.

As Reservas de Caça foram criadas a partir de 1924, sendo a de Toro a primeira; os Parques Nacionais datam da mesma época e as Reservas Naturais foram criadas a partir de 1940. Também há os Santuários de Caça e as Áreas de Caça, com objetivo de proteção integral dos recursos ambientais e dos habitats (Pomeroy, 1990; WCMC, 2002i).

As áreas protegidas têm a seguinte denominação:

1. Parques Nacionais – têm por objetivo a proteção em alto grau da vida selvagem e da vegetação natural. É proibida qualquer forma de uso e ocupação do solo.

2. Reservas de Caça – estabelecidas no sentido de proteger espécies raras, promover a pesquisa e o turismo e proteger os Parques Nacionais de invasão; portanto, são criadas no entorno destes.

3. Santuários de Caça – áreas em que se permite o estabelecimento humano, o cultivo, a pastagem e a utilização sustentável dos recursos naturais. A caça é permitida por meio de licença consentida pelo órgão competente.

4. Área de Caça Controlada – bastante semelhante à categoria anterior, inclusive as atividades permitidas.

5. Reservas Florestais – de domínio público, são criadas por meio de ordem ministerial. São proibidas atividades de pastagem, cultivo, edificação, construção de estradas, entre outras. O corte ou a extração de madeira pode ser realizado com aprovação do órgão competente.

6. Reservas Naturais – quaisquer áreas de florestas onde não se permite o uso dos recursos ambientais; são áreas dentro das Reservas Florestais onde se deseja preservar amostras significativas ou representativas dos ecossistemas e dispõem de um grau maior de proteção para determinadas espécies de fauna e fora.

Alguns problemas quanto à administração das áreas protegidas são relacionados por IUCN (1990b), Okua (1991) e WCMC (2002i): aspectos políticos interferem nas atividades conservacionistas; falta de equipamento; baixa remuneração às pessoas que trabalham diretamente com essas áreas; presença de caçadores fortemente armados em seu interior; inabilidade dos agentes em fazer cumprir a legislação; pessoal inadequadamente treinado em todos os níveis; ausência de informações técnicas para viabilizar planos de administração e manejo; ausência de definição precisa dos limites geográficos das áreas protegidas; não operacionalização dos planos de manejo, quando estes existem; invasão agrícola; estabelecimento ilegal de populações humanas em áreas sob proteção integral; exploração de madeira e carvão; e incêndios descontrolados.

De acordo com WWF (1990), as áreas protegidas são criadas sem que haja análise dos ecossistemas ou planejamento ambiental, o que ocasiona escolha inadequada de áreas ou ausência de espaços territoriais protegidos onde há demanda por proteção, notadamente os ecossistemas de pântano.

Considerações

O conceito de unidade de conservação quase sempre está associado à iniciativa pública, seguindo o molde norte-americano de preservação dos recursos naturais, com exceção do Reino Unido que, desde o início, teve iniciativa a partir de interesses privados.

No entanto, a conjuntura econômica, político e institucional, bem como as especificidades inerentes a cada país, fizeram com que o conceito de áreas protegidas evoluísse de maneira a se adequar a cada realidade local.

Em relação aos objetivos de cada tipo de unidade de conservação, a nomenclatura das diversas categorias existentes no mundo, que mesmo sendo homônimas podem ter objetivos de conservação e manejo diferentes em cada país, é um dos pontos que confundem a intenção de preservar ou conservar determinado espaço territorial.

A quantidade e a distribuição das terras públicas na organização espacial da paisagem como impedimento ao alcance dos objetivos de conservação (Gottfried et al., 1996), a indisposição de proprietários em vender áreas (Lees, 1995), o custo de aquisição de terras, a manutenção de pessoal qualificado no interior das unidades de conservação, a exclusão do ser humano nesses espaços, entre outros, são alguns motivos que contribuíram para a evolução do conceito de área protegida nos diversos países.

As unidades de conservação estabelecidas em propriedade privada, em outros países, assemelham-se mais com a categoria brasileira denominada Reserva Particular do Patrimônio Natural (RPPN), cuja iniciativa de criação, instituição, gerenciamento e manejo são particulares (do proprietário); sendo que esses espaços, mesmo estando classificados pelo SNUC (Brasil, 2000) como pertencentes ao grupo de Uso Sustentável, são de proteção integral, ou seja, uso indireto dos recursos naturais.

Geralmente, nas unidades de conservação estabelecidas em domínio privado nos diversos países, as atividades que podem ser desenvolvidas ali se restringem ao turismo e à recreação, portanto, bastante diferente do tipo de atividade que pode ser exercida em uma Área de Proteção Ambiental brasileira (econômicas de baixo impacto).

Dessa maneira, pode-se dizer que houve influência norte-americana bastante significativa nos modelos de preservação e conservação dos recursos naturais nos demais países. No entanto, essa concepção vem sendo questionada, notadamente pela exclusão do ser humano do processo, e o estabelecimento de unidades de conservação sob domínio privado vem sendo adotado em alguns países, com caráter conservacionista.

Comparando as categorias de alguns países, percebe-se que as categorias de unidades de conservação brasileiras têm características peculiares, principalmente quando se constata a singularidade de categorias como a Reserva de Desenvolvimento Sustentável e Área de Proteção Ambiental. Essa última, ímpar entre a diversidade das categorias mundiais. Por isso, é alvo de críticas de autores como Dourojeanni (2000), que afirma não haver quase nenhuma proteção à biodiversidade no interior de uma Área de Proteção Ambiental, sendo essa proteção inferior a de uma área não protegida.

Por fim, acredita-se que a participação da sociedade civil, em todos os momentos (planejamento, concepção, criação e administração), deva ser um mecanismo essencial no modelo desejável de preservação e conservação dos recursos naturais, fundamentado nos preceitos do desenvolvimento sustentável.

Referências Bibliográficas

AB'SABER, A. S. Bases conceptuais e papel do conhecimento na previsão de impactos. In: MÜLLER-PLANTENBERG, C.; AB'SABER, A. S. (Orgs.). *Previsão de impactos*. 2. ed. São Paulo: Editora da Universidade de São Paulo, 1998.

ADMINISTRACIÓN DE PARQUES NACIONALES (APN). *El sistema nacional de áreas naturales protegidas de la República Argentina* – diagonóstico de su desarrollo institutional y patrimonio natural. Buenos Aires: Administración de Parques Nacionales, 1991.

AGARWAL, A.; NARAIN, S. *Towards green villages*: a strategy for environmentally sound and participatory rural development. New Delhi: Centre of Science, 1991.

ALVARENGA, S. R. *Análise das áreas de proteção ambiental enquanto instrumento da política nacional do meio ambiente: o caso da APA Corumbataí, SP.* 1997. Dissertação (Mestrado) – EESC/USP, São Carlos.

ANADU, P. A. Progress in the conservation of Nigeria's wildlife. *Biological conservation,* v. 41, p. 237-251, 1987.

ANADU, P. A.; GREEN, A. A. Nigeria. In: *Antelopes:* global survey and regional action plans. Part 3: West and Central Africa. IUCN/Species Survival Commission Antelope Specialist Group, 1990. p. 83-86.

ANGERMEIER, P. L.; KARR, J. R. Biological integrity versus biological diversity as policy directives. *Bioscience,* v. 44, n. 10, p. 697, 1994.

AZEVEDO, P. et al. *APA Corumbataí zoneamento ambiental e proposta de regulamentação e implantação.* São Paulo: Secretaria do Meio Ambiente, 1990.

BARZETTI, V. *Parques y progresso.* Cambridge: IUCN/Banco Interamericano de Desenvolvimento, 1993.

BEZERRA, M. C. L.; BURSZTYN, M. (Coord). *Ciência & Tecnologia para o desenvolvimento sustentável.* Brasília: Ministério do Meio Ambiente; Instituto Brasileiro do Meio Ambiente e dos Recursos Naturais Renováveis; Consórcio CDS/UnB/Abipti, 2000, 223p.

BIODIVERSITY SUPPORT PROGRAM (BSP) et al. *A regional analysis of geographic priorities for biodiversity conservation in Latin America and the Caribbean.* Washington: BSP, 1995.

BRADLEY, T.; MCCAFFREY, D.; RODRIGUEZ, F.; LOSILLA, M. Costa Rica natural resource policy inventory. USAID/ROCAP RENARM project, Volume II, The inventory, oct. 1990, *Technical report*, n. 112. Maryland, USA.

BRASIL. Constituição (1988). *Constituição da República Federativa do Brasil*: promulgada em 5 de outubro de 1988. São Paulo: Saraiva, 1988.

BRASIL. Lei n° 4.771, de 15 de setembro de 1965. Instituiu o Código Florestal, 1965.

BRASIL. Lei n° 6.902, de 27 de abril de 1981. Dispõe sobre a criação de Estações Ecológicas e Áreas de Proteção Ambiental. Brasília, 1981b.

BRASIL. Lei n° 6.938, de 31 de agosto de 1981. Dispõe sobre a Política Nacional do Meio Ambiente. Brasília, 1981a.

BRASIL. Lei n° 9.433, de 8 de janeiro de 1997. Instituiu a Política Nacional de Recursos Hídricos. Brasília, 1997.

BRASIL. Lei n° 9.985, de 18 de julho de 2000. Instituiu o Sistema Nacional das Unidades de Conservação da Natureza. Brasília, 2000.

BRASIL. Substitutivo do Projeto de Lei n° 2.892 de 1992. Dispõe sobre a criação do Sistema Nacional das Unidades de Conservação da Natureza. Brasília: Congresso Nacional, 1992.

BRASIL. Decreto 4297, de 10 de julho de 2002. Regulamenta o art. 9º., inciso II, da Lei no. 6.938, de 31 de agosto de 1981, estabelecendo critérios para o Zoneamento Ecológico-Econômico do Brasil – ZEE, e dá outras providências.

BRASIL. Decreto 4340, de 22 de agosto de 2002. Regulamenta artigos da Lei n° 9985, de 18 de julho de 2000, que dispõe sobre o Sistema Nacional de Unidade de Conservação da Natureza – SNUC.

BRITO, M. C. W. *Unidades de conservação*: intenções e resultados. 1995. Dissertação (Mestrado) – Ciências Ambientais, USP, São Paulo.

BRITO, M. C. W. *Unidades de conservação*: intenções e resultados. São Paulo: Annablume/FAPESP, 2000.

BROTHERTON, D. I. The development and management of Country Parks in England and Wales. *Biological Conservation*, n. 7, p. 171-184, 1975.

BRUCK, E. C.; FREIRE, A. M. V.; LIMA, M. F. *Unidades de conservação no Brasil*: cadastramento e vegetação 1991-1994. Brasília: IBAMA, 1995. (Relatório Síntese).

BURSZTYN, M. *Para pensar o desenvolvimento sustentável*. São Paulo: Brasiliense, 1994.

CABARLE, B. J.; CRESPI, M.; CALAWAY, H. D.; LUZURIAGA, C. C.; ROSE, D.; SHORES, J. N. *An assessment of biological diversity and tropical forests for Ecuador*. Prepared for US-AID/Ecuador as an Annex to the Country Development Strategy Statement 1989-1990. 1989. 110 p.

CABRAL, N. R. A. J & SOUZA, M. P. (2001). As Áreas de Preservação Permanente e os cursos d'água superficiais: o caso do rio do Monjolinho, São Carlos, SP. In: XIV Simpósio Brasileiro de Recursos Hídricos/ V Simpósio de Hidráulica e Recursos Hídricos dos Países de Língua Oficial Portuguesa. *Anais (Artigo completo - CD-Rom)*. Aracaju: ABRH.

CABRAL, N. R. A. J; RANIERI, V. E. L & SOUZA, M. P. (2002). O papel do estabelecimento das Áreas de Preservação Permanente e Áreas de Reserva Legal protegidas: o caso da Bacia Hidrográfica do rio do Monjolinho – SP. In: II Encontro de Pesquisa e Pós-Graduação do CEFET/CE. *Anais (artigo completo)*. Fortaleza: Centro Federal de Educação Tecnológica do Ceará (CEFET/CE).

CALIJURI, M. C.; OLIVEIRA, H. T. Manejo da qualidade da água: uma abordagem metodológica: In: CASTELLANO, E. G.; CHAUDRY, F. H. (Eds.). *Desenvolvimento sustentado*: problemas e estratégias. São Carlos: Escola de Engenharia de São Carlos/USP, 2000. p. 39-58.

CÂMARA, J. B. D. *Análise da área de proteção ambiental do rio São Bartolomeu como instrumento de planejamento e gestão ambiental*. 1993. Dissertação (Mestrado) – Departamento de Biologia, Universidade Federal de Brasília, Brasília.

CARRILLO, G. O.; CHARVET, P. S. *Areas silvestres protegidas y comunidades locales en América Latina*. Santiago do Chile: Oficina de la FAO para América Latina y el Caribe, 1994.

CASTRO, M. et al. Conselho municipal de meio ambiente na formulação de Políticas Públicas. In: PHILIPPI Jr., A. et al. (Orgs.). *Municípios e meio ambiente*: perspectivas para a municipalização da gestão ambiental. São Paulo: Associação Nacional de Municípios e Meio Ambiente, 1999.

CAVALCANTI, A. B. et al. *Desenvolvimento sustentável e planejamento*: bases teóricas e conceituais. Fortaleza: Edições UFC, 1997.

CAVALHEIRO, F. Urbanização e alterações ambientais. In: TAUK, S. M. (Org.). *Análise ambiental*: uma visão multidisciplinar. 2. ed. São Paulo: Editora UNESP, 1995.

CERUCCI, M. *A análise da eficácia do EPIA quanto à aplicação de metodologias para a localização de empreendimentos*. 1998. Dissertação (Mestrado) – São Carlos: EESC/USP.

CIFUENTES, M.; PONCE, A.; ALBÁN, F.; MENA, P.; MOSQUERA, G.; RODRÍGUEZ, J.; SILVA, D.; SUÁREZ, L.; TOBAR, A.; TORRES, J. (1989). Estrategia para el sistema nacional de áreas protegidas del Ecuador, II Fase. Quito: DINAF-MAG/Fundación Natura. 196 p.

COENEN, R.; JÖRISSEN, J. *Environmental impact assessment in the member countries of the european community, implementing the EC – Directive: an overview.* Karlsruhe, Germany: Kernforschungszentrum, 1989.

CONTI, J. B.; FURLAN, S. A. Geoecologia: o clima, os solos e a biota. In: ROSS, J. L. S. (Org.). *Geografia do Brasil.* São Paulo: EdUSP, 1995.

CONTRERAS, M. L.; De la MAZA, C.; MERINO, R.; MORALES, A.; BARROS, P.; WEINTRAUB, A. *Evaluación económica de parques nacionales:* el sistema de parques nacionales en Chile, Resumen de metodologías. Investigación y desarrollo forestal. Santiago do Chile: CONAF/FAO, 1979.

CORBIN, A. *O território do vazio:* a praia e o imaginário ocidental. São Paulo: Cia. das Letras, 1989.

CÔRTE, D. A. A. *Planejamento e gestão de APAs:* enfoque institucional. Brasília: Instituto Brasileiro do Meio Ambiente e dos Recursos Naturais Renováveis (IBAMA), 1997.

CÔRTES, M. R. *Comunicação pessoal.* Disponível em: mauro@power.ufscar.br. Acesso em: mar. 2001.

COUNTRYSIDE COMMISSION (CC). *Areas of outstanding natural beauty, a policy statement 1991.* Document: CCP 356. London: Countryside Council for Wales and Countryside Commission, Cheltenham, 1991.

COWAN, G. I. *Annual Report on the Southern African Plan for Nature conservation; the South African Natural Heritage Programme.* Department of Environmental Affairs, Sub Directorate: natural environment. Unpublished, 1990.

CRISTIAN, C. S.; STEWART, G. A. Methodology of integrated surveys. In: UNESCO. *Area surveys and integrated studies.* Paris: UNESCO, 1968.

CUSTÓDIO, H. B. As normas de proteção ao patrimônio cultural brasileiro em face da Constituição Federal. In: ATAS DO SIMPÓSIO SOBRE POLÍTICA NACIONAL DO MEIO AMBIENTE E PATRIMÔNIO CULTURAL. Goiânia: Instituto Goiano de Pré-história e Antropologia/Universidade Católica de Goiás, 1996. p. 162-172.

CUTRERA, A. *European environmental yearbook.* London: International Institute for Environmental Studies, DocTer, Ltd., 1991.

DEARDEN, P.; CHETTAMART, S.; EMPHANDU, D. Protected areas and property rights in Thailand. *Environmental Conservation*. Cambridge: Cambridge University Press/Foundation for Environmental Conservation, v. 3, n. 25, p. 195-197, 1998.

DEMO, P. Participação e planejamento: arranjo preliminar. *Revista de Administração Pública*, v. 25, n. 3, p. 31-54, jul./set. 1991.

DEPARTAMENTO ESTADUAL DE PROTEÇÃO DOS RECURSOS NATURAIS (DEPRN). *Vegetação natural do Estado de São Paulo*: Folhas Descalvado, Luiz Antônio, Corumbataí e Ibaté. São Paulo: DEPRN, 1989. Escala 1:50.000. Mapa. (Originais em papel vegetal).

DGFF Informe sobre progreso forestal 1988/1990 del Perú. *17th meeting of the Latin American forestry commission COFLA*: Venezuela, 1822 February 1991. Lima: Ministerio de Agricultura, Dirección General de Forestal y Fauna.

DIAMOND, J. M. The island dilemma: lessons of modern biogeographic studies for the design of nature reserves. *Biological conservation*, n. 7, p. 129-146, 1975.

DIAMOND, J. M.; MAY, R. M. Island biogeography and the design of natural reserves. In: MAY, R. M. (Ed.). *Theoretical ecology*: principles and applications. Philadelphia: Saunders, 1976.

DIAS, J. As Potencialidades paisagísticas de uma região cárstica: o exemplo de Bonito, MS. In: SIMPÓSIO BRASILEIRO DE GEOGRAFIA FÍSICA E APLICADA, 8., 1999, Belo Horizonte. *Anais...* Belo Horizonte: UFMG, 1999. v. 1.

DIEGUES, A. C. S. Etnoconservação da natureza: enfoques alternativos. In: DIEGUES, A. C. S. (Org.). *Etnoconservação*: novos rumos para a conservação da natureza. São Paulo: Editora Hucitec/NUPAUB/USP, 2000.

DIEGUES, A. C. S. *O mito moderno da natureza intocada*. 2. ed. São Paulo: Editora Hucitec, 1998.

DIEGUES, A. C. S. *O mito moderno da natureza intocada*. São Paulo: Núcleo de Apoio à Pesquisa sobre Populações Humanas e Áreas Úmidas Brasileiras (NUPAUB)/USP, 1994.

DIEGUES, A. C. S. O patrimônio natural e o cultural: por uma visão convergente. In: ATAS DO SIMPÓSIO SOBRE POLÍTICA NACIONAL DO MEIO AMBIENTE E PATRIMÔNIO CULTURAL, 1996, Goiânia. *Anais...* Goiânia: Instituto Goiano de Pré-história e antropologia/Universidade Católica de Goiás, 1996. p. 135-137.

DINNERSTEIN, D. F. et al. *A conservation assessment of the terrestrial ecoregions of Latin America and the Caribbean.* Washington: World Bank, 1995.

DIXON, J. A.; SHERMAN, P. B. *Economics of protected areas:* a new look at benefits and costs. London: East-West Center, 1990.

DOAK, D.; MILLS, L. S. A useful role for theory in conservation. *Biological conservation,* n. 6, p. 162-169, 1994.

DOUROJEANNI, M. J. Áreas protegidas: problemas antiguos y nuevos, nuevos rumbos. In: CONGRESSO BRASILEIRO DE UNIDADES DE CONSERVAÇÃO, 2., 2000, Campo Grande. *Anais...* Campo Grande: Rede Pró-Unidades de Conservação, 2000. v. I, p. 36-56.

DOUROJEANNI, M. J. Conflictos socio-ambientales en unidades de conservación de América Latina. In: CONGRESSO BRASILEIRO DE UNIDADES DE CONSERVAÇÃO, 1997, Curitiba. *Anais...* Curitiba: IAP/ UNILIVRE – Rede Pró-Unidades de Conservação, 1997. v. I, p. 69-109.

DOUROJEANNI, M. J. Management problems in the Andean National Parks and protected areas of Peru. In: MCNEELY, J. A.; THORSELL, J. W.; CHALISE, S. R. (Eds.). *People and protected areas in the HinduKush Himalaya.* Kathmandu, Nepal: King Mahendra Trust for Nature Conservation and the International Centre for Integrated Mountain Development, 1985. p. 159-161.

DRUMMOND, J. A. *National parks in Brazil:* a study of 50 years of environmental policy. 1988. Dissertação (Masters in Environmental Studies Program) – Olympia, The Evergreen State College, Washington.

DUARTE, U. *Geologia ambiental da área de São Pedro, SP.* 1980. Tese (Doutorado) – Instituto Geológico (IG)/USP, São Paulo.

ENGEA. *Projeto: regulamentação da APA Corumbataí, Botucatu e Tejupá – Perímetro Corumbataí.* Relatórios de andamento. vols. I, II, III; relatórios – síntese e complementares. São Paulo: Documentos Internos, SMA, 1989/1990.

ENVIRONMENT COUNCIL (EC). *Who's who in the environment in England.* London: The Environment Council, 1990.

FAY, J. M.; AGNAGNA, M. Forest elephant populations in the Central African Republic and Congo. *Pachyderm,* v. 14, p. 3-19, 1991.

FERREIRA, A. B. H. *Dicionário Aurélio básico de língua portuguesa.* Rio de Janeiro: J. E. M. M. Editores, Ltda., 1988.

FIGUEROA, S. Patrimonio de áreas naturales en Ecuador. In: AMEND, S.; AMEND, T. (Eds.). *¿Espacios sin Habitantes? Parques Nacionales de América del Sur*. Caracas: IUCN and Editorial Nueva Sociedad, 1992. p. 207-222.

FONTES, A. T. *Aspectos do macrozoneamento utilizando SIG enquanto instrumento de gestão ambiental: diagnósticos e cenários regionais no estudo de caso de Ribeirão Preto*. 1997. Dissertação (Mestrado) – EESC/USP, São Carlos.

FOOD AND AGRICULTURE ORGANISATION OF THE UNITED NATION (FAO). *Food and agricultural legislation 24*. Rome: FAO, 1975.

FOOD AND AGRICULTURE ORGANISATION OF THE UNITED NATION (FAO). *Food and Agricultural Legislation*. v. 25, n. 1, p. 6680, 1976.

FOOD AND AGRICULTURE ORGANISATION OF THE UNITED NATION (FAO). *National parks planning:* a manual with annotated examples. Rome: FAO, 1988.

FORMAN, R. T. T.; GODRON, M. *Landscape ecology*. USA: John Wiley & Sons, Inc, 1986.

FOURCADE de RUIZ, M. T.; URIBELARREA, D. S. Sistema de áreas protegidas en Argentina. In: AMEND, S.; AMEND, T. (Eds.). *¿Espacios sin Habitantes? Parques Nacionales de América del Sur*. Caracas: International Union for the Conservation of Nature and Natural Resources/ Editorial Nueva Sociedad, 1992. p. 12-17.

FREITAS, G. S. Linking people with protected areas: a new model in tropical developing countries. *Ecodecision*. Montreal: Environmental and Policy Society, n. 23, p. 47-48, 1997.

GATTUSO, J. *Native america*. Inside guides. USA: Apa Publications (HK) Ltd, 1991.

GÓMEZ-POMPA, A.; KAUS, A. Domesticando o mito da natureza selvagem. In: DIEGUES, A. C. S. (Org.). *Etnoconservação:* novos rumos para a conservação da natureza. São Paulo: Editora Hucitec/NUPAUB/USP, 2000.

GÓMEZ-POMPA, A.; KAUS, A. Taming the wilderness mith. *Bioscience*, v. 4, n. 42, 1992.

GOTTFRIED, R.; WEAR, D.; LEE, R. Institutional solutions to market failure on the landscape scale. *Ecological economics*, v. 18, p. 133-140, 1996.

GROVE, R. Early themes in African conservation: the Cape in the nineteenth century. In: ANDERSON, D.; GROVE, R. (Eds.). *Conservation in Africa, people, policies and practice*. Cambridge, UK: Cambridge University Press, 1987. p. 21-39.

GRUMBINE, R. E. Viable populations, reserve size, and federal lands management: a critique. *Conservation Biology*, v. 4, n. 2, p. 127-134, 1990.

GUATURA, I. S. Sistema Nacional de Unidades de Conservação da Natureza (SNUC) – Lei nº 9.985, de 18 de julho de 2000. In: CONGRESSO BRASILEIRO DE UNIDADES DE CONSERVAÇÃO, 2., 2000. Curitiba. *Anais...* Curitiba: IAP/UNILIVRE: Rede Pró-Unidades de Conservação, 2000. v. I, p. 26-35.

GUHA, R. O biólogo autoritário e a arrogância do anti-humanismo. In: DIEGUES, A. C. S. (Org.). *Etnoconservação*: novos rumos para a conservação da natureza. São Paulo: Editora Hucitec/NUPAUB/USP, 2000.

GUIDICE, L. A. *Planificación del sistema de parques nacionales*. Buenos Aires: Administración de Parques Nacionales/FAO/UNDP, 1988.

GÜLEZ, S. A method for evaluating areas for national parks status. *Environmental Management*, v. 16, n. 6, p. 811-818, 1992.

GUTIÉRREZ, D. Legislación chilena sobre parques nacionales: uso de los recursos naturales. In: AMEND, S.; AMEND, T. (Eds.). *¿Espacios sin Habitantes? Parques Nacionales de América del Sur*. Caracas: UICN/Editorial Nueva Sociedad, 1992. p. 159-172.

HANSKI, I.; GILPIN, M. Metapopulation dynamics: a brief history and conceptual domain. *Biological Journal of Linnean Society*, London, n. 34, p. 3-16, 1991.

HARDIN, G. (1968). The tragedy of the commons. *Science*. n. 162, p. 1243-1248.

HOWARD, P. C. *Nature conservation in Uganda's tropical forest reserves*. Kampala, Uganda: Unpublished draft, 1988. 302 p.

INJOQUE, F.; GUTIÉRREZ, R.; MANRIQUE, L. Una propuesta de criterios para la planificación institucional del sistema de áreas protegidas Peruano. *Documento de Trabajo N. 1*. Lima: Programa Nacional de Parques Nacionales y Otras Áreas Naturales Protegidas por el Estado, 1991.

INSTITUTO AGRONÔMICO DE CAMPINAS (IAC). *Levantamento pedológico semi-detalhado*: Folha São Carlos. São Paulo: IAC, 1981. Escala 1:100.000. Mapa. (Originais em papel vegetal).

INSTITUTO AGRONÔMICO DE CAMPINAS (IAC). *Levantamento pedológico semi-detalhado*: Folha Descalvado. São Paulo: IAC, 1982. Escala 1:100.000. Mapa. (Originais em papel vegetal).

INSTITUTO BRASILEIRO DE DESENVOLVIMENTO FLORESTAL (IBDF). *Plano do Sistema de unidades de conservação do Brasil – II etapa.* Brasília: IBDF, 1982.

INSTITUTO BRASILEIRO DE GEOGRAFIA E ESTATÍSTICA (IBGE). *Carta do Brasil:* folhas Descalvado, Luiz Antônio, Corumbataí, Ibaté, Porto Pulador e São Carlos. São Paulo: IBGE, 1971. Escala 1:50.000. Mapa. (Originais em papel vegetal).

INSTITUTO BRASILEIRO DO MEIO AMBIENTE E DOS RECURSOS NATURAIS RENOVÁVEIS (IBAMA). *Cadastro Técnico Federal.* Disponível em: http://www.ibama.gov.br. Acesso em: fev. 2002.

INSTITUTO GEOLÓGICO (IG). *Formações geológicas de superfície:* Folhas Descalvado, Luiz Antônio e Corumbataí. São Paulo: IG, 1984. Escala 1:50.000. Mapa. (Originais em papel vegetal).

ISHIHATA, L. *Bases para seleção de áreas prioritárias para implantação de unidades de conservação em regiões fragmentadas.* 1999. Dissertação (Mestrado) – PROCAM/USP, São Paulo.

JOHNSON, N. C. *Biodiversity in the balance:* approaches to setting geographic conservation priorities. BSP (Biodiversity Support Program), Washington, 1995.

JURGENS, C. R. A Spatial model for the design of an ecological infrastructure. In: VAN LIER, H. N. et al. (Orgs.). *Sustainable land use planning.* Amsterdam: Elsevier Science B.V., 1994.

KEMPF, E. In search for a home: people living in or near protected areas. In: KEMPF, E. (Ed.). *Indigenous peoples and protected areas:* the law of the Mother Earth. London: Earthscan Publ., 1993. p. 3-11.

KIRKPATRICK, J. B. An iterative method for establishing priorities for the selection of nature reserves: an example from Tasmania. *Biological Conservation,* v. 25, p. 127-134, 1983.

KOESTER, V. *Nordic countries' legislation on the environment with special emphasis on conservation:* a survey. Switzerland, Gland: IUCN, 1990.

LEES, A. Innovative partners: the value on nongovernment organisations in establishing and managing protected areas. In: McNEELY, J. A. (Ed.). *Expanding partnerships in conservation.* Washington: Island Press, 1995. p. 302-319.

LIMA, M. A. *Avaliação da qualidade ambiental de uma microbacia no município de Rio Claro, SP.* 1994. Tese (Doutorado) – Universidade do Estado de São Paulo, UNESP, Rio Claro.

MacARTHUR, R. H.; WILSON, E. O. An equilibrium theory of insular zoogeography. *Evolution*, Lancaster, PA, v. 10. n. 6, p. 373-387, 1963.

MACHADO, P. A. L. (1998). *Direito ambiental brasileiro*. 7ª ed. São Paulo: Malheiros Editora Ltda.

MacKINNON, J.; MacKINNON, K.; CHILD, J.; THORSELL, J. *Managing protected areas in the tropics*. Gland: IUCN, 1986.

MÄHLER Jr., J. F. K.; CASTRO, R. G. S. Situação atual das unidades de conservação estaduais do Rio Grande do Sul. In: SIMPÓSIO DE ÁREAS PROTEGIDAS, 1., 2001, Pelotas. *Anais...* Pelotas, RS, 2001. v. 1, p. 147-151.

MARÉS, C. F. (1993). *Espaços ambientais protegidos e unidades de conservação*. Coleção Ponto de Partida. Curitiba: Editora Universitária Champagnat.

MARGULES, C.; USHER, M. B. Criteria used in assessing wildlife conservation potential: a review. *Biological Conservation*, v. 21, p. 79-109, 1981.

MARSIGLIA NETO, A. Alternativas de gestão. *Revista Brasileira de Saneamento e Meio Ambiente* (BIO), Rio de Janeiro: ABES, n. 8, p. 44-45, out./dez. 1998.

MAURY, C. M. Áreas particulares protegidas: histórico e perspectivas. *Boletim FUNATURA*. Brasília: FUNATURA, 1994. v. 7, n. 11, p. 4-5.

MAY, R. M. Ecological science and the management of protected areas. *Biodiversity and conservation*, v. 3, p. 437-448, 1994.

McHARG, I. L. *Design with nature*. 25. ed. New York: John Wiley and Sons, Inc., 1992.

McHARG, I. L. *Design with nature*. New York: Natural History, 1969.

McNEELY, J. A New trends in protecting and managing biodiversity. *Ecodecision: Environmental and Policy Magazine*. Montreal: Environmental and Policy Society, n. 23, p. 20-23, 1997.

MEFFE, G. K.; CARROL, C. R. *Principles of conservation biology*. Massachusetts: Sunderland, Sinauer Associates, Inc., 1994.

MEIRELLES, H. L. *Direito administrativo brasileiro*. 21. ed. São Paulo: Malheiros Editora Ltda., 1996.

MERINO, S. *Inventario de áreas naturales protegidas de la Argentina*. Unpublished, 1987. 600 p.

MICHANEK, G. *Nature conservation in Austria, Finland, Norway, Sweden, Switzerland, Bulgaria, Czechoslovakia, Hungary, Poland, Romania, Yugoslavia and the Soviet Union*. European Parliament: Directorate-General for Research. Environment, Public Health and Consumer Protection Series, 1991. n. 17, p. 40-49.

MILANO, M. S. Conceitos básicos e princípios gerais de planejamento, manejo e administração. In: ENCONTRO DE PLANEJAMENTO DE UNIDADES DE CONSERVAÇÃO, 1999, Santa Tereza. *Anais...* Santa Teresa: UFES, 1999. p. 1-51.

MILANO, M. S. Mitos no manejo de unidades de conservação no Brasil, ou a verdadeira ameaça. In: CONGRESSO BRASILEIRO DE UNIDADES DE CONSERVAÇÃO, 2., 2000, Curitiba. *Anais...* Curitiba: IAP/UNILIVRE, Rede Pró-Unidades de Conservação, 2000. v. I, p. 11-25.

MILARÉ, E. Estudo prévio de impacto ambiental no Brasil. In: MÜLLER, P.; AB'SABER, A. N. (Orgs.). *Previsão de impactos.* São Paulo: EDUSP, 1994. p. 51-83.

MILARÉ, E. Instrumentos legais e econômicos aplicáveis aos municípios: sistema municipal do meio ambiente – SISNUMA/SISNAMA. In: PHILIPPI Jr., A. et al. (Orgs.). *Municípios e meio ambiente:* perspectivas para a municipalização da gestão ambiental. São Paulo: Associação Nacional de Municípios e Meio Ambiente, 1999.

MINISTÉRIO DO MEIO AMBIENTE (MMA). *Áreas protegidas.* Disponível em: http://www.mma.gov.br. Acesso em: mar., 2001.

MINISTÉRIO DO MEIO AMBIENTE (MMA). *Conservação ambiental no Brasil, programa nacional do meio ambiente 1991-1996:* relatório síntese. Brasília: MMA/PNMA, 1997.

MINISTÉRIO DO MEIO AMBIENTE/INSTITUTO BRASILEIRO DO MEIO AMBIENTE E DOS RECURSOS NATURAIS RENOVÁVEIS (MMA/IBAMA). *Diretrizes da pesquisa aplicada ao planejamento e gestão ambiental.* Brasília: MMA/IBAMA, 1994.

MINISTERO DELL'AMBIENTE. *Registro delle aree protette Italiane, rubrica dei dati riassuntivi articolati per regione e per totale nazionale.* Roma: Servizio Conservazione della Natura, Ministero dell'Ambiente, 1991.

MINISTRY OF NATURAL RESOURCES, ENERGY AND MINES (MIRENEM). *Consolidation of the national system of conservation areas.* Ministry of Natural Resources, Energy and Mines (MIRENEM), Republic of Costa Rica. A proposal submitted by the Costa Rican government to the World Bank's consultative group, Paris, France, 1991.

MITTERMEIER, R. A. Primate diversity and the tropical forests: case studies from Brazil and Madagascar and the importance of the megadiversity countries. In: WILSON, E. O.; PETER, F. M. (Eds.). *Biodiversity.* Washington: National Academy Press, 1988.

MONOSOWSKI, E. Políticas ambientais e desenvolvimento no Brasil. *Cadernos FUNDAP*, Ano 9, n. 16, p. 15-24, jun. 1989.

MORAES, A. C. R. *Meio ambiente e ciências humanas*. São Paulo: Hucitec, 1994.

MORAES, M. B. *Grupo APAs*. Personal e-mail, 2001 (6/set).

MORSELLO, C. *Unidades de conservação públicas e privadas*: seleção e manejo no Brasil e Pantanal Mato-grossense. 1999. Dissertação (Mestrado) – PROCAM/ USP, São Paulo.

MOTA, S. *Introdução à engenharia ambiental*. Rio de Janeiro: Edições ABES, 1997.

MOTA, S. *Planejamento urbano e preservação ambiental*. Fortaleza: Edições UFC, 1981.

MOTA, S. *Preservação e conservação de recursos hídricos*. 2. ed. Rio de Janeiro: Edições ABES, 1995.

MÜLLER, R.; DIEFENTHAELER, F.; FERNANDES, C. J. Proteção de áreas naturais, manutenção da biodiversidade e sua interface social e econômica. In: SIMPÓSIO DE ÁREAS PROTEGIDAS, 1., 2001, Pelotas. *Anais...* Pelotas, RS, 2001. v. 1, p. 67-74.

MYERS, G.; MACNAGHTEN, P. Rethorics of environmental sustainability: commonplaces and places. *Environment and planning*. Great Britain, v. 30, n. 2, p. 333-353, 1998.

MYERS, N. The biodiversity challenge: expanded hotspots analysis. *Environment*, n. 10, p. 243-256, 1991.

MYERS, N. Threatened biotas: hotspots in tropical forests. *Environment*, n. 8, p. 1-20, 1988.

MYERS, P.; GREEN, S. N. *State park in a new era*. Washington: The Conservation Foundation, 1989.

NEWSON, M. *Land, water and development*: river basin systems and their sustainable development. Londres: Routledge, 1992.

O'SULLIVAN, P. E. The ecosystem – watershed concept in the environmental sciences – a review. *International Journal Environmental Studies*, USA, v. 13. p. 273-281, 1979.

OKUA, M. *The management of protected areas under the Uganda Game Department*. A paper presented to the preparatory session for the World Congress on National Parks and Protected Areas, Amboseli National Park, Kenya, 9-16 Jul. 1991. 6 p.

OLA-ADAMS, B. A. *Protected areas of Nigeria*. Unesco MAB Project 8. Ibadan: Forestry Research Institute of Nigeria, 1987. 8 p.

ORMAZÁBAL, C. Preservación de recursos fitogenéticos in situ a través de parques nacionales y otras áreas protegidas. Importancia, avances, limitaciones y proyección futura. *Boletín Técnico*, n. 16. Santiago: Gerencia Técnica, Corporación Nacional Forestal, Ministerio de Agricultura, 1986.

PÁDUA, M. T. J. Sistema brasileiro de unidades de conservação: de onde viemos e para onde vamos? In: ENCONTRO DE PLANEJAMENTO DE UNIDADES DE CONSERVAÇÃO, 1999, Santa Tereza. *Anais...* Santa Teresa: UFES, 1999. p. 52-69.

PÁDUA, M. T. J.; QUINTÃO, A. T. B. Parks and biological reserves in the brazilian amazon. *Ambio*, Lawrence, v. 11, n. 5, p. 309-314, 1982.

PATTERSON, B. D. The principle of nested subsets and its implications for biological conservation. *Conservation Biology*, Cambridge, MA, n. 1. p. 323-334, 1987.

PEARCE, D. W.; TURNER, R. K. *Economics of natural and the environment.* Great Britain: Johns Hopkins University Press, 1994.

PHILIPPI JÚNIOR, A.; MARCOVITCH, J. Mecanismos institucionais para o desenvolvimento sustentável. In: PHILIPPI Jr., A. et al. (Orgs.). *Municípios e meio ambiente:* perspectivas para a municipalização da gestão ambiental. São Paulo: Associação Nacional de Municípios e Meio Ambiente, 1999.

PIMBERT, M.; PRETTY, J. Parks, people and professionals: putting "participation" into protected areas management. In: GUIMIRE, K.; PIMBERT, M. (Eds.). *Social change and conservation.* London: Earthscan Publ, 1997. p. 87-91.

PIMBERT, M.; PRETTY, J. Parques, comunidades e profissionais: incluindo "participação" no manejo de áreas protegidas. In: DIEGUES, A. C. (Org.). *Etnoconservação:* novos rumos para a proteção da natureza nos trópicos. São Paulo: Hucitec, 2000. p. 183-224.

PIRES, J. S. R. *Análise ambiental voltada ao planejamento e gerenciamento do ambiente rural:* abordagem metodológica aplicada ao município de Luiz Antônio, SP. 1995. Tese (Doutorado) – Universidade Federal de São Carlos, São Carlos.

PIRES, J. S. R. Planos de manejo de unidades de conservação de proteção integral: alguns aspectos conceituais e metodológicos. In: SIMPÓSIO DE ÁREAS PROTEGIDAS, 1., 2001, Pelotas. *Anais...* Pelotas, RS, v. 1, p. 75-85, 2001.

PIRES, J. S. R.; SANTOS, J. E. Bacias hidrográficas, integração entre meio ambiente e desenvolvimento. *Revista Ciência Hoje*, Brasília, v. 19, p. 40-45, 1995.

POLLETE, M. *Planície do Perequê/Ilha de São Sebastião, SP*: diagnóstico e planejamento ambiental costeiro. 1993. Dissertação (Mestrado) – Universidade Federal de São Carlos, São Carlos.

POMEROY, D. E. (Ed.) Forum II – conservation of biodiversity in Uganda. In: Conservation Forum, 2., *Proceedings...* Kabarole District, Uganda, 1990. 63 p.

POOLE, P. J. Indigenous people and biodiversity protection. In: DAVIS, S. H. *The social challenge of biodiversity conservation:* working paper n. 1. Washington: Global Environment Facility (The World Bank/UNEP/UNDP), 1993.

PRANCE, G. T. *The phytogeographic subdivisions of Amazonia and their consequences on the selection of biological reserves.* Bronx: New York Botanical Garden, 1976.

PRESSEY, R. L.; NICHOLLS, A. O. Efficiency in conservation evaluation: scoring versus iterative approaches. *Biological Conservation,* n. 50, p. 199-218, 1989.

RANIERI, V. E. L. *Análise dos fatores ambientais para a localização de atividades econômicas em Descalvado, SP.* 2000. Dissertação (Mestrado) – CRHEA/EESC/USP, São Carlos.

RATTCLIFFE, D. A. Criteria for the selection of nature reserves. *The advancement of science,* v. 27, n. 134, p. 294-298, 1971.

REBOUÇAS, A. C. Águas subterrâneas. In: REBOUÇAS, A. C.; BRAGA, B.; TUNDISI, J. G. (Orgs.). *Águas doces do Brasil:* capital ecológico, uso e conservação. São Paulo: Escrituras Editora, 1999.

RÍOS, M. A.; PONCE, C. F.; TOVAR, A.; VASQUEZ, P. G.; DOUROJEANNI, M. *Plan maestro, parque nacional del Manú.* Lima: Universidad Nacional Agraria de La Molina, 1986.

ROCHA, O.; PIRES, J. S. R.; SANTOS, J. E. dos. A bacia hidrográfica como unidade de estudo e planejamento. In: ESPÍNDOLA, E. L. G. et al. (Orgs.). *A bacia hidrográfica do Rio do Monjolinho.* São Carlos: RiMa Editora, 2000. p. 1-16.

ROSS, J. L. S. *Geomorfologia: ambiente e planejamento.* 2. ed. São Paulo: Editora Contexto, 1991. 85p.

SAETERDAL, M.; LINE, J. M.; BIRKES, H, J. How to maximise biological diversity in nature reserve selection: vascular plants and breeding birds in deciduous woodlands, Western Norway. *Biological Conservation,* n. 66, p. 131-138, 1993.

SANTILLI, J. & RAMOS, A. (1996). Proprietários da natureza. *Parabólicas.* São Paulo: Instituto Socioambiental. n. 25, p. 10-11, ano 3.

SANTOS, M. *Técnica, espaço, tempo:* globalização e meio técnico-científico informacional. 2. ed. São Paulo: Hucitec, 1996.

SÃO PAULO (Estado). Decreto nº 20.960, de 8 de junho de 1983. São Paulo: DOE, 1983.

SÃO PAULO. *Áreas de proteção ambiental do Estado de São Paulo:* propostas de zoneamento ambiental. São Paulo: SMA/CPLA, 1992. (Série Documentos).

SÃO PAULO. *Diagnóstico ambiental da área de proteção ambiental Corumbataí.* v. I a IV. São Paulo: CETESB/DAEE, 1984.

SÃO PAULO. *Macrozoneamento das bacias dos rios Mogi-Guaçu, Pardo e Médio Grande:* questões sócio-ambientais regionais. v. 1. São Paulo: Secretaria do Meio Ambiente/Secretaria da Agricultura e Abastecimento/Secretaria de Economia e Planejamento, 1995.

SÃO PAULO. *Plano de trabalho para áreas de proteção ambiental.* São Paulo: SMA/CPLA, 1994b. (Documento interno).

SÃO PAULO. *Proposta de decreto de regulamentação, APA Corumbataí e Piracicaba Área I.* São Paulo, 1998. (Em tramitação).

SÃO PAULO. *Resolução CONSEMA 50/94.* Propostas para regulamentação do Decreto Estadual 20960/83 e da Lei estadual 7438/91. São Paulo: SMA/CONSEMA, 1994a.

SARKAR, S. Restaurando o mundo selvagem. In: DIEGUES, A. C. S. (Org.). *Etnoconservação:* novos rumos para a conservação da natureza. São Paulo: Editora Hucitec/NUPAUB/USP, 2000.

SCHMID, W. A. The concept of sustainability and land use planning. In: VAN LIER, H. N. et al. (Ogs.). *Sustainable land use planning.* Amsterdam: Elsevier Science B.V., 1994.

SERVICIO DE PARQUES NACIONALES (SPN). *Breve reseña histórica sobre la conservación y el programa de parques nacionales en Costa Rica.* SPN, Ministerio de Agricultura e Ganadería, 1979.

SHAFER, C. A. L. *Nature reserves:* island theory and conservation practice. Washington: Smithsonian Institution Press, 1990.

SISTEMA NACIONALE DE AREAS DE CONSERVACIONE (SINAC). Disponível em: http://www.sinac.go.cr. abr. 2002.

SMITH, P. G. R.; THEBERGE, J. B. Evaluating natural areas using multiple criteria: theory and practice. *Environmental management,* v. 11, n. 4, p. 447-460, 1987.

SOUTHGATE, D. *Alternatives for habitat protection and rural income generation.* Washington: Inter-American Development Bank/Environment Division, 1997.

SOUZA, M. P. *Instrumentos de gestão ambiental:* fundamentos e prática. São Carlos: Riani Costa, 2000.

SUÁREZ DE FREITAS, G. *Diagnóstico del sistema peruano de áreas naturales protegidas y recomendaciones para su administración.* Lima: Fundación Peruana para la Conservación de la Naturaleza, 1990.

SUÁREZ DE FREITAS, G. Participação privada, terceirização e co-gestão no manejo de unidades de conservação. In: CONGRESSO BRASILEIRO DE UNIDADES DE CONSERVAÇÃO. Curitiba: IAP/UNILIVRE/Rede Pró-Unidades de Conservação, 1997. p. 199-213.

SUPERINTENDÊNCIA ESTADUAL DO MEIO AMBIENTE DO CEARÁ (SEMACE). *Instrumentos administrativos e judiciais de defesa ambiental sob a ótica municipalista.* Fortaleza: SEMACE, 1994.

TANS, W. Priority ranking of biotic natural areas. *The michigan botanist,* v. 13, p. 31-39, 1974.

TESSON, J. L. *Les mesures de protection applicables aux zones humides françaises.* Paris: Office National de la Chasse, 1990. (Bulletin Mensuel, 152).

UGALDE, A. *Draft country report on Costa Rica.* Costa Rica: MIRENEM, 1992.

UNIÃO INTERNACIONAL DE CONSERVAÇÃO DA NATUREZA (IUCN). IUCN Uganda country programme workshop % working group background papers. Gland, Switzerland: IUCN, 1990b.

UNIÃO INTERNACIONAL DE CONSERVAÇÃO DA NATUREZA (IUCN). *La conservation des écosystèmes forestiers d'Afrique centrale.* Gland, Switzerland and Cambridge, UK: IUCN, 1989. p. 82-89.

UNIÃO INTERNACIONAL DE CONSERVAÇÃO DA NATUREZA (IUCN). *Directory of wetlands of International Importance.* Gland, Switzerland and Cambridge, UK: IUCN, 1987.

UNIÃO INTERNACIONAL DE CONSERVAÇÃO DA NATUREZA (IUCN). *Directory of wetlands of International Importance.* Switzerland, Gland: Ramsar Convention Bureau, 1990.

UPHOFF, N.; LANGHOLZ, J. Incentives for avoiding the tragedy of the commons. *Environmental conservation,* Cambridge: Cambridge University Press/ Foundation for Environmental Conservation, v. 3, n. 25, p. 251-261, 1998.

VANDERGEEST, P. Property rights in protected areas: obstacles to community involvement as a solution in Thailand. *Environmental Conservation,* Cambridge:

Cambridge University Press/Foundation for Environmental Conservation, v. 23, n. 3, p. 259-268, 1996.

VANDERGEEST, P. Replay: protected areas and property rights. *Environmental Conservation*, Cambridge: Cambridge University Press/Foundation for Environmental Conservation, v. 26, n. 1, p. 7-9, 1999.

VICENTINI, Y. Área de Proteção Ambiental de Corumbataí (APA), SP: zoneamento ambiental – proposições físico-territoriais. In: SEMINÁRIOS SOBRE RELATÓRIOS DE IMPACTO COMO INSTRUMENTO DE PLANEJAMENTO URBANO. Porto Alegre: PROPUR/Faculdade de Arquitetura/UFRGS, 1992. p. 293-305.

WARNE, A. C.; O'CONNOR, E. Managing nature reserves in private ownership the British experience In: WORLD CONGRESS ON NATIONAL PARKS AND PROTECTED AREAS, 4., 1992, Caracas. *Procedures...* 4. ed. Caracas: IUCN, 1992.

WAYBURN, E. The role of a Non-governmental Conservation Organisation in Protected Areas. In: WORLD CONGRESS ON NATIONAL PARKS AND PROTECTED AREAS, 4., 1992, Caracas. *Procedures...* 4. ed. Caracas: IUCN, 1992.

WIEDMANN, S. (1997). As Reservas Particulares do Patrimônio Natural. In: Congresso Brasileiro de Unidades de Conservação. *Anais.* Curitiba: IAP/UNILIVRE/Rede Pro Unidades de Conservação. v. II, p.5-14.

WORLD CONSERVATION MONITORING CENTER (WCMC). *1992 Protected Areas of the world: a review of national systems – Italy.* Disponível em: http://www.wcmc.org.uk/protected_areas/data/pa_world_text.html. Acesso em: 24 jan. 2000d.

WORLD CONSERVATION MONITORING CENTER (WCMC). *1992 Protected Areas of the world: a review of national systems – Portugal.* Disponível em: http://www.wcmc.org.uk/protected_areas/data/pa_world_text.html. Acesso em 24 jan. 2000e.

WORLD CONSERVATION MONITORING CENTER (WCMC). *1992 Protected Areas of the world: a review of national systems – Argentina.* Disponível em: http://www.unep-wcmc.org.uk/cgi-bin/pa_paisquery.html. Acesso em: 6 fev. 2002a.

WORLD CONSERVATION MONITORING CENTER (WCMC). *1991 IUCN Directory of protected areas in oceania – United States of America.* Disponível em: http://www.wcmc.org.uk/protected_areas/data/pa_world_text.html. Acesso em: 24 jan. 2000a.

WORLD CONSERVATION MONITORING CENTER (WCMC). *1992 Protected Areas of the world: a review of national systems* – Former Federal Republic of Germany. Disponível em: http://www.wcmc.org.uk/protected_areas/data/pa_world_text.html. Acesso em: 24 jan. 2000b.

WORLD CONSERVATION MONITORING CENTER (WCMC). *1992 Protected Areas of the world: a review of national systems* – France. Disponível em: http://www.wcmc.org.uk/protected_areas/data/pa_world_text.html. Acesso em: 24 jan. 2000c.

WORLD CONSERVATION MONITORING CENTER (WCMC). *1992 Protected Areas of the world: a review of national systems* – United Kingdon of Great Britain. Disponível em: http://www.wcmc.org.uk/protected_areas/data/pa_world_text.html. Acesso em: 24 jan. 2000f.

WORLD CONSERVATION MONITORING CENTER (WCMC). *1992 Protected Areas of the world: a review of national systems* – Sweden. Disponível em: http://www.wcmc.org.uk/protected_areas/data/pa_world_text.html. Acesso em: 26 jan. 2000g.

WORLD CONSERVATION MONITORING CENTER (WCMC). *1992 Protected Areas of the world: a review of national systems* – Chile. Disponível em: http://www.unep-wcmc.org.uk/cgi-bin/pa_paisquery.html. Acesso em 6 fev. 2002b.

WORLD CONSERVATION MONITORING CENTER (WCMC). *1992 Protected Areas of the world: a review of national systems* – Costa Rica. Disponível em: http://www.unep-wcmc.org.uk/cgi-bin/pa_paisquery.html. Acesso em: 6 fev. 2002c.

WORLD CONSERVATION MONITORING CENTER (WCMC). *1992 Protected Areas of the world: a review of national systems* – Ecuador. Disponível em: http://www.unep-wcmc.org.uk/cgi-bin/pa_paisquery.html. Acesso em: 6 fev. 2002d.

WORLD CONSERVATION MONITORING CENTER (WCMC). *1992 Protected Areas of the world: a review of national systems* – Peru. Disponível em: http://www.unep-wcmc.org.uk/cgi-bin/pa_paisquery.html. Acesso em: 6 fev. 2002e.

WORLD CONSERVATION MONITORING CENTER (WCMC). *1992 Protected Areas of the world: a review of national systems* – South Africa. Disponível em: http://www.unep-wcmc.org.uk/cgi-bin/pa_paisquery.html. Acesso em 6 fev. 2002f.

WORLD CONSERVATION MONITORING CENTER (WCMC). *1992 Protected Areas of the world: a review of national systems* – Congo. Disponível em: http://www.unep-wcmc.org.uk/cgi-bin/pa_paisquery.html. Acesso em: 6 fev. 2002g.